Junior Baseball Coaching Book

少棒的基礎

從零開始的126個
必備觀念＋訓練方法

12U全日本代表 總教練
仁志敏久 監修

前 兄弟象&義大犀牛守備教練
馮勝賢／審訂

陳識中／譯

前 言

棒球是一種需要花費很多時間練習的運動。

那麼，這些練習究竟是為了什麼呢？

是為了在比賽中向大家展示練習得到的技巧。

這跟戲劇、舞蹈和音樂在表演前必須排練是一樣的道理。

比賽的目的是展現訓練的成果，

而訓練則是為了精進技術。

但不同於舞台劇的彩排，

棒球的練習很容易流於形式。

而這種練習無法讓選手的技術進步。

唯有發現真正不足的部分，

思考進步的方法，然後付諸實行，

才是訓練最根本的意義。

如此一來，選手的能力才會有所提升。

訓練時不見得一定要戴上棒球手套、揮動球棒。

很多時候，純粹的體能訓練反而會更有效果。

該如何進行、理解那些訓練，

正是我想在本書說明的內容。

12U全日本代表 總教練　仁志敏久

本書共有8個章節，分門別類地整理各種棒球訓練指南和思考方式。第一次使用本書時，請先閱讀本頁的說明。

●技術解說頁

本文

這個部分將詳細解釋我採用此思考方式的原因。向選手說明的時候，請同時告訴他們「為何必須如此思考」。

圖表

這個部分是文章說明內容的簡單整理。讀者可參照本表，加深理解。

●訓練指南頁

訓練指南和目標
本區解說的是練習內容和目的。

仁志流指導訣竅
本區將介紹指導球員時的一些祕訣。

訓練資料
該項訓練適用的人數、時間和次數。
請以此為基準進行練習。

順序
本區將說明訓練的方法。請配合「照片或插圖」一起閱讀。

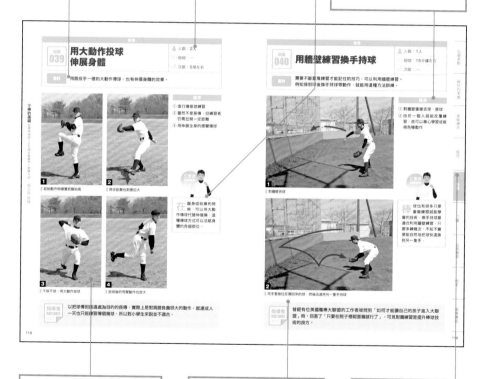

照片或插圖
本區將用照片或插圖解說練習的正確動作。請配合「順序」這欄一起閱讀。

指導者MEMO
本部分整理了該項訓練的補充說明和指導時必須注意的要點。

索引
請善用此處搜尋訓練指南的項目。

CONTENTS

序章　仁志流 指導要點 ……………………………………… 015

第1章　棒球的準備

CONTENTS

第2章　理解棒球

第3章　接球

少棒的基礎 從零開始的126個必備觀念＋訓練方法　目次

CONTENTS

少棒的基礎 從零開始的126個必備觀念＋訓練方法　目次

少棒的基礎 從零開始的126個必備觀念+訓練方法

序章

仁志流 指導要點

會購買本書的人，

應該都是擔任教練一類職務的人吧。

首先在最開始，我想先介紹一下，

經我研究並親自實驗過，指導球員時的幾個要點。

想要「用訓練提升實力」，
應該如何訓練才對？

要使最曠日廢時的練習時間
更加充實

對選手和指導者而言，想要「變得更會打棒球」和「幫助選手進步」是理所當然的。

而為了實現這個目的，必然需要某種方法。這個方法的核心就是「練習」。

不管哪種運動都一樣，正式上場比賽的時間，跟為了準備比賽而練習的時間，肯定是練習的時間多上許多。即便是被歸類於長賽程運動的棒球，跟龐大的練習時間相比，實際比賽的時間仍微不足道。

而使這段漫長的「練習」時間變得充實，使之完全契合「進步」這個目的，對棒球而言可說是至關重要的一件事。

光練習接飛球和自由擊球
不會進步

因此，我希望大家思考看看棒球的練習究竟是什麼樣子。

集合後開始慢跑和拉筋暖身。接著利用接傳球，活絡肩膀；或是利用打擊球座練習揮棒等等的熱身。然後，開始實際練習傳接、接飛球，實際投打練習自由擊球。而如果當天時間較不充裕，再來就差不多可以清理場地收操了。

這是十分常見的練習內容。但很遺憾地是用這種方式練習，選手不會進步。

適度的熱身和緩和運動也很重要

因為選手們實際上做的就只有暖身運動，以及運用整合性技能的接飛球和自由擊球而已。整個練習中完全沒有「進步的時間」。用這種方式，無論花費多少時間都不可能進步。

辦不到的原因大都出自生理層面

「想要進步」的意思，其實就是「還有所不足」。而練習的功能，就是要讓選手克服自己原本辦不到的不足之處。

辦不到的原因，大多都是出自於身體能力不足。換言之，也可以認為是生理層面的問題。特別是本書針對的少棒選手們更是如此。

舉例來說，如果一名選手接滾地球時身體無法壓低重心，其原因很可能是髖關節的柔軟度不佳和控制下半身的能力不足。

若是如此，訓練的內容就必須以幫助選手練習壓低重心為目標。但因為負擔太大的肌力訓練對青少年沒有效果，所以此時就應該進行有助於控制下半身的平衡訓練，以及可伸展髖關節的訓練。

像這樣針對弱點進行訓練後，過一陣子再讓選手挑戰一次原本辦不到的動作。透過這種方式，選手們便可逐漸學會原本做不到的動作，比起光用嘴巴糾正他們來得有效得多。

總而言之，所謂的練習，就是用來克服實戰和整合性技能不足之處的時間。

過於明確的指示反而危險，
應多用「○○的感覺」表達

所謂技術，其實有很多
意識無法控制的部分

在指導棒球時，很多時候會看到教練針對每一場比賽，鉅細靡遺地告訴選手當時身體應該怎麼動作，或是有哪些必須注意的技術上的要點。

然而，我必須先告訴各位，這種作法其實藏著很大的陷阱。

棒球的技術，可以明確分為能用意識去修正的部分，以及意識無法控制的部分。好比以打擊來說，擺出預備姿勢的時候，打者可以把球棒舉高或放下，也可以調整腳步。即使是在看到投手投球、身體拉回（take back）的過程中，打者想要的話

仍有可能改變動作。然而，一旦球棒從最高點拉回，進入揮棒後，就無法再憑意識改變動作了。無論是雙手的位置，或是膝蓋的迴轉都只能順其自然。

但很多棒球指導者卻無視這個現實，告訴球員去修正這些不能改變的部分。的確，這些建言都是正確的。如果那瞬間可以按照那種方式反應，應該是最理想的吧。

有時建言反而是
惡習和受傷的成因

一旦明確指出那些意識無法控制的錯誤，球員就會調整動作去改善。結果為了

為了讓球員理解該動作的意象，從旁輔助球員演練也很重要

修正打擊瞬間的姿勢，卻反而改變了拉回身體的動作。這就是某些壞習慣形成的原因。

特別是青少年的身體還在發育，身體的強度還不夠，有時為了一點小小的調整，都需要非常大的預備動作。

好比在投球的時候，投手放球後，手腕通常都會微微內勾。這其實是一種下意識的行為。但教練若是明確地要求「手腕記得內勾」，球員反而會開始在放球前刻意彎手腕。這便會養成球員手腕不自然的動作和身體幅度，導致惡習，甚至引發運動傷害。

收起明確的建言，
改用幫助成長的話語

透過以上分析，便能知道那種類似慢動作重播的「太過明確的建言」，其實是非常危險的。

然而，指導者不可能不用言語指導球員。因此，請各位指導者在給予球員建議時，改用「○○的感覺」的形式，在語句後加上「某某感覺」或「類似」等詞彙。如此一來，即便是明確的描述，也能讓球員明白那只是某種意象或感覺，不至於太過強硬。

在訓練球員時，需要的不是現實和科學上正確的建議，而是能使球員成長的話語。

指導者必須慎選用詞

① 「揮棒時夾緊腋下」 ➡ ② 「用夾緊腋下的感覺舉起棒子」 ➡ ③ 「先把手舉高後再擺出預備動作」

打擊的理想姿勢是揮棒時應該要夾緊腋下（尤其是前面）。但是，如果用①的方式糾正，只會讓打者的動作從頭到尾都變得僵硬。所以應該改成②的講法。而③則能讓球員在不刻意意識腋下的情況下自然做出正確姿勢。請各位也試著用這種方式思考適當的建言。

各種技術都有
不可觸碰的禁區

在不影響個性的前提下，
從可以意識的部分開始改變

　　一如前一節解說的，棒球有可以靠意識改變的部分，以及無法用意識改變的部分。只要用高速錄影和慢動作分解，即使是無法用意識改變的部分，也能看出明確的樣貌。然而，就算要求球員修正這些部分也無濟於事。因為這本來就是意識不能改變的。

　　因此，我們只能著眼於可以用意識修正的部分，透過它們去改變意識不能修正的部分。這就是指導者的工作。

　　但是，每種不同的動作，需要注意的點也不一樣。

　　以守備動作來說，由於其任務就是儘快接到球並傳回壘包、讓跑者出局，故有一定的法則可循，有近乎正解的答案。可以說有固定的範本。

　　然而，打擊就不一樣了。能不能打出安打，會受到飛行距離、擊球方向以及擊球角度等各種變因影響；哪一種打法能打出安打，也是因人而異。由於打者的個性占了很大的比重，所以並沒有所謂的範本。也因此在訓練時必須避免破壞球員的個性。

　　而傳球和投球也一樣，有許多受個性影響的部分，指導球員時務必考慮到這些。

接球

　　守備時為了儘快接到球、傳回壘包，所以通常會要求最精簡、沒有冗餘的動作。

　　不過，要注意的是這些動作基本上是由下半身主導，上半身只是配合下半身自然地移動而已。所以指導球員的時候也應避免觸及上半身，專注於糾正下半身的動作即可。

　　接球只是整個傳球動作的其中一環，太過執著於這部分，往往是造成球員動作不流暢的原因。

接近打擊出去的球。指導時應以腳（下半身）的運動為主

在傳球過程中要先接住球。指導時太過關注細節容易破壞整體動作的流暢

仁志流
指導祕訣

〇 可以糾正的點
下半身的運動方法、起步等等

✕ 不可糾正的點
接球的姿勢、球棒的角度等等

傳球

　　傳球的動作，是將體重從軸心腳轉移到自由腳，然後再搭配手部的動作。

　　手臂和手掌只不過是投出球的作用點，真正關鍵在於控制整個動作的施力點。也就是下半身。所以指導球員時應將重點放在此處。如果太過在乎手臂和手掌的動作，反而會有導致壞習慣或運動傷害的風險。

　　此外，無論投球或傳球，投擲的動作中能以意識修正的部分，只到手臂拉回至Top（投球和擊球時，手臂或球棒拉回時至最高點的動作）的位置為止。刻意要球員修正之後的動作是很危險的。

手臂拉回至Top的位置

轉臂屬於意識無法修正的部分，不適合具體地指導

仁志流
指導祕訣

⭕ **可以糾正的點**
重心移動、握球的方式等等

❌ **不可糾正的點**
手肘的高度、轉臂的方式等等

打擊

指導球員時,最需要注意的項目就是打擊。同樣是打中球,但對打者而言,打擊的角度和力道、方向、腳步,影響擊球率的要素因人而異,打法也各不相同。

所以可說是缺乏個性的人較難成為一名好的打者。儘管有些打者的動作看似多餘,但那往往關乎打擊的距離和力道,所以不要隨便調整比較好。

此外,打擊動作中可以意識的部分只到拉回至Top為止,之後全都屬於無意識的動作。故指導球員應以「○○的感覺」這種方式表達。

可意識的部分只到Top為止

開始揮棒後就是完全憑感覺的領域,過度明確的建議只會產生反效果

仁志流
指導祕訣

⭕ **可以糾正的點**
Top之前的動作、球棒的握法等等

❌ **不可糾正的點**
開始揮棒到擊中球為止的動作等等

仁志流　指導要點 04

12U的指導方針就是
養成選手自我思考的習慣

**打棒球很容易變成
只是「等待指示」**

所謂運動，原本應該是自主思考、行動的一種活動。然而，打棒球時不僅有總教練、教練，還有學長學弟的關係，而且又是一種團體性的運動。更甚者，還有打擊順序等先後次序，以及守備位置等框架。

這種情況下，球員很容易產生自己不用思考也沒關係的錯覺。再加上棒球比賽跟足球比賽不同，棒球比賽進行時，總教練、教練、學長會隨時下達指示，更容易使球員只會一味等待指示。

然而，真正的棒球不是光等別人下命令就能打好的運動。必須思考下一步並提前準備，觀察球的動向來判斷、決斷、行動。反過來說，唯有做到這種程度，才能觸及棒球的本質。

這不是進入高中棒球等高等領域後就能一下子學會的東西。從12U（參賽選手年齡限制為12歲以下）的少棒選手開始，就必須練習自主思考。

**進行「沒有教練指示」的
練習賽**

有時候，也可以為球員安排沒有任何指示的練習賽。告訴球員們「這場比賽我不會下達任何指令，大家自己思考看看

如果是能力可及的範圍便自己行動，若是遇到不懂的部分就勇於發問。這樣的判斷也很重要

吧」。

　　一開始選手們可能會感到不知所措。但是隨著比賽進行，便會發現選手們漸漸出現變化，好比在打擊時擺出短打的姿勢來混淆對手等。

　　因為沒有任何人會給予指示，所以遇到中間方向的來球時，守備的球員們必須自己喊出：「My Ball！」在兩個人同時衝去接球時，由其中一方主動給出指令。

　　如此一來，即使球不是飛向自己，選手們也會彼此協調、互相指揮。被迫把自己心裡的想法大聲說出來。就算判斷錯了也不要緊。大聲說出來才是最重要的。

　　透過這段過程，球員將會從滿腦子「我來」，變得能冷靜地看見周圍的人，意識到團隊整體的存在。隊友會自然地喊出：「中外野！」讓中外野手上前接球，然後右外野手也自動在後面補位。

　　持續練習下去，最終選手們便能擁有自己的想法，成為自己寶貴的資產。

即使沒有進步，也能從運動中得到收穫

　　雖然是12U，但也是棒球選手。然而，他們的本質仍是孩子。有些事情做不到也是理所當然的。就算因為他們有些事情做不到而生氣也沒有意義。但是，當他們沒有做到應該做得到的事時，就必須出聲斥責。

　　棒球是團體競技，所以一定會出現能力相對較弱的選手。即使如此，透過一起打棒球，培養夥伴意識、一起被糾正，仍能得到許多家人無法給予的東西。指導者必須知道，這些經驗對球員而言也是重要的資產。

時而直言，時而使選手自己思考

時而直言

多思考2、3步

　　當指導者需要出聲給予建言的時候，不應直接著眼於當下的動作，而應多思考2到3步後，才出言予以修正。

　　比方說，球員之所以沒接到球，往往不是接球的方式有問題，而是在接球之前的動作沒有做好。

　　如此想來，需要出言糾正的應該是預備或起步的動作才對。

時而使選手自己思考

過程比答案更重要

　　雖然明顯的失誤必須立即糾正，但有的選手會自己思考，有的選手卻不會，需要由指導者去刺激思考。

　　遇到那種情況，最重要的是在球員犯錯時讓他先自己說明。藉由開口促進選手思考、理解。而如果指導者判斷球員已經自己理解問題所在，便不需要再出言糾正。

> 如果全用直接教訓的方式，則會變成單方面的獨裁式指導；如果全用使選手自己思考的方式，則易使指導流於放任。所以說，要依照每位球員的特性和個性，靈活地組合不同指導方式才是最重要的。

少棒的基礎 從零開始的126個必備觀念＋訓練方法

第1章

棒球的準備

Base of baseball

從小就開始接觸棒球雖然是好事，
但是否馬上用高年級的標準要求選手則值得商榷。
本章我們將探討適合剛開始接觸棒球、
年齡較小的選手們的訓練方式。

廣泛接觸不同運動
比棒球技術進步更重要

低年級生仍在生長期，
增加體驗更重要

　　從低年級就開始打棒球這件事，本身沒有任何問題。不如說從小接觸棒球、體驗棒球的樂趣所在，其實是一件好事。

　　然而，讓孩子早早開始打棒球，並不代表就可以用高中棒球的標準訓練他。

　　這是因為小學低年級的兒童，基礎的身體能力和神經系統都還在生長的時期。在這個年紀，最重要的是讓孩子接觸各式各樣的活動。就算打不好也沒關係。透過接觸不同運動，刺激平常用不到的肌肉和神經，便能促進身體生長。

　　然而，打棒球的時候身體運動方式有一定的限制。好比右投右打的情況，身體便較常做出由右向左的揮擊動作；跑壘的時候也是固定自右而左逆時鐘繞圈。所以如果光打棒球的話，能刺激到的肌群便十分有限。

進行其他運動
也對打棒球有幫助

　　然而，棒球同時也是一種需要球員做出各種動作的運動。

　　光以守備動作來說，就需要球員往左或往右衝刺，以及從壓低重心的狀態迅速起身傳球，或是單腳跳躍傳球等，需要各種綜合性的身體能力。

依照身體的成長狀況選擇訓練用具

考慮到這點，低年級時球員應盡量接觸不同運動，以培養這類複雜動作所需的基礎體能。

而比起只擅長投棒球，嘗試用各種不同的投球方法或投擲各種不同大小的球，也對將來更有助益。

運動方面不需要執著於棒球。像是需要往各處奔跑的足球，或是可以刺激全身的游泳，都是不錯的運動。甚至不只是制式運動，用公園的單槓或格子鐵架進行重量訓練，或是從躲避球學習投大球時施力的方法等，適度地刺激身體各部位，方能在升上高年級後健壯地發育。

小學生中的優秀選手？
未來能進入職業棒球的選手？

只要從小開始打棒球，並一心一意地專心練球，升上高年級後，理所當然能成為一名出色的選手。

然而，那只不過是「小學生中的優秀選手」罷了。球員自己和指導者的目標，難道僅止於此嗎？

「希望未來能成為在職業棒球界活躍的選手」、「想讓孩子成為以打進甲子園為目標的出色選手」，這才是選手和指導者真正的心願吧。

若然如此，球員在小學階段的完成度其實沒有什麼意義。在小學階段，便該為緊接而來的中學階段打好基礎；中學時則應為高中棒球奠定基礎，隨時幫助球員能夠充滿自信地進入下個階段，才是指導者最重要的工作。

不需操之過急。一步一步慢慢來，踏實地培育這些孩子們吧。

懂得接、傳、打就夠了，
最重要的是為未來的進步做準備

不是現在，
而要著眼於未來的進步

　　本節讓我們來思考一下低年級選手的練習目標。一如前一節的解說，低年級是讓孩子體驗各種活動的重要階段。所以，不需要針對棒球的動作一個一個雞蛋裡挑骨頭。當然，球員本人如果願意抱著「我要進步！」的氣勢練球是再好也不過。然而，身為指導的一方，不應執著於「現在一定要讓他進步」，而應著眼於「未來有進步的可能」。

　　在這個階段，就算讓球員靈敏地運用手腕，在投球時發揮出色的控球能力，或是漂亮地擊中球，也只是在比拚小學低年級的完成度。當然，如果是用合理的形式訓練，且顧及球員的個性，那就沒有任何問題。但是，一旦太過在意結果的好壞，球員便很容易勉強自己去做出正確的姿勢。這就是養成壞習慣的原因之一。因此比起追求現在的結果，更重要的是學習未來能更加進步的基礎。

選擇適合身體的道具，
學習棒球的基礎

　　以投球為例，這時期的小學生手還很小，有時連軟式的D號球（低年級學童用，直徑64.0～65.0mm）都嫌太大。如果用那種不合手的大球，球員一定會無法自然地丟球。

認識棒球技術

接球	快速接到球	
	可以快速傳球的接球法	
傳球	把球傳到自己瞄準的地方	
	依距離改變傳球法	
打擊	把球打遠	
	把球打向瞄準的方向	

棒球技術不只是如何接球、傳球，隨著層級愈來愈高，要求的技術也愈來愈複雜。而想成為職業選手，就必須學會所有的技術。小學低年級的階段，只要學會最低層的部分就夠了。升上高年級後便需要下個階段的技術，學習以贏得比賽為目的的打法。

如果球太大，握球時拇指通常會偏向外側，讓手能緊緊握住球。但拇指放在這個位置，手肘的內側便會過度施力，無法自然地揮動手臂。一旦變成習慣，便會養成非常不好的投球方式。所以對於手比較小的選手來說，訓練時應用玩具球之類的小球，使選手未來能在投球時投出漂亮的旋轉。

打擊方面也一樣。如果球棒太重，便無法用正常的方式揮動，揮棒時也容易受到反作用力影響，養成奇怪的習慣。所以必須選用較輕盈，以小孩子的力量也能控制的球棒，讓選手的個性可以自由發揮出來。

另一方面，如果球太小的話，因為不容易打中，很難讓球員體會到打球的樂趣。這種時候就必須選用較大且較輕的玩具球，從記住用球棒擊球的手感開始。

在這個年齡，即使進行比賽也無法憑技術的優劣分出勝負。選手本身也還無法從中習得足以用來比賽的技術。所以這階段應該要做的是做好未來學習那些技術的準備。只要懂得接球、傳球、打擊就夠了。指導者應以此為目標進行訓練。

了解小孩子的特徵，
配合身體發育進行訓練

前黃金時期
與黃金時期

　　我們已經提過很多次，小學生的身體仍在生長中，而生長也有其順序。因此，設計訓練時就必須考慮到這點。

　　以前，不僅是棒球，幾乎所有運動訓練都沒有這種認知，用跟成人一樣的方法看待學童的身體，採用重複鍛鍊式的訓練方法。但現代這種觀點已經被推翻。

　　我想很多讀者可能都聽過美國人類學家史康門（Scammon）提倡的「生長曲線」。史康門生長曲線顯示了人類出生後各器官生長發育的不同階段，近年很多運動領域都受到該理論影響。其中最值得注意的，是小學低年級時神經系統仍處於發展時期。從運動的角度來看，在此時期練習各種不同的動作，可以促進神經系統發育。由於該階段位於黃金期之前，故被稱為「前黃金時期」。

　　進入小學高年級後，神經系統的發育已接近完成。由於此階段身高還未開始顯著增長，身體相對安定，更容易學習各式各樣的動作，所以被稱為「即學即得」的「黃金時期」。以足球等運動而言，是練習各種複雜技巧的最佳時期；對棒球來說，也是能學習多種技能的好時機。

　　但是，肌肉方面要等到下個階段才會開始發達。即便學會新技巧，也不必追求技巧的強度。

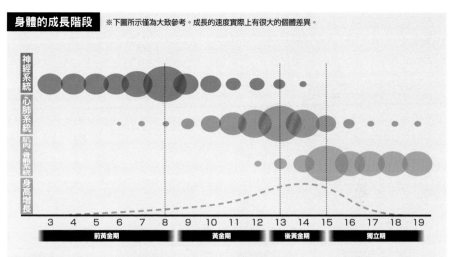

身體的成長階段
※下圖所示僅為大致參考。成長的速度實際上有很大的個體差異。

神經系統
心肺系統
肌肉骨骼系統
身高增長

| 3 | 4 | 5 | 6 | 7 | 8 | 9 | 10 | 11 | 12 | 13 | 14 | 15 | 16 | 17 | 18 | 19 |

前黃金期　　黃金期　　後黃金期　　獨立期

前黃金期
小學低年級前後。此時期神經尚在發育，給予神經系統各種刺激非常重要。此時期的刺激將成為黃金時期「即學即得」的基礎。不過，由於身體還不靈巧，故只要有所體驗就夠了。

黃金期
小學高年級前後。神經系統的發育已接近完成，大腦尚留有柔軟性，且身高尚未開始快速增長，身體處於安定狀態。是最適合學習身體動作的狀態，故適合學習各種技術。

後黃金期
身高開始顯著增長，身體處於不穩定的狀態。有些能力可能因此衰退。此時期同時也是青春期，故也需要考量選手的心理層面。整體而言可說是不適宜勉強的時期。由於是心肺機能發育的時期，故這方面的刺激非常重要。

獨立期
骨骼的成長已逐漸穩定，骨骼肌也發育完全。因身高增長而導致的抽筋情況開始減少，故可開始積極進行肌力訓練。

　　不囫圇吞棗地追求所有棒球相關技巧，而是配合身體的生長，在最有效的時期進行合適的練習，這對於棒球訓練而言是非常重要的觀念。

在無法「保持耐心」的階段，想辦法維持孩子的興趣

　　除了身體方面之外，也必須考量到小孩子的心理層面。

　　雖然在小學低年級時應盡量接觸各種刺激，但此時期的小孩子一旦感到無聊，便會對這件事失去興趣。就算要求孩子「保持耐心」也只是徒勞無功。

　　所以，指導者便必須盡可能準備各種好玩、有趣的東西。思考各種道具和方法，不讓選手感到厭倦。

　　進入高年級的黃金期後，選手便會開始產生自我意識和競爭心理。需小心不要用太強勢的命令讓球員養成「等待指示」的習慣，引導他們主動地參與棒球活動。

用正確的姿勢打球很重要

在所有練習開始之前

　　小學低年級的球員有很多動作做不到是理所當然的，不需要一個一個動作細細要求。然而，雖然是低年級，仍有一個地方必須特別注意。那就是用「正確的姿勢」打球。雖然這聽來好像只是觀感上的問題，但實際上卻是提升球技非常重要的一環。

　　當人類的身體用正確的姿勢站立時，其他部位也會自動移至正確的位置。因此，若是彎腰駝背或者肩膀沒有保持水平，各關節就無法隨心所欲地活動。這種狀態打球不僅無法有好的表現，身體的其他部位還會勉強去彌補該部分的不足，導致不良的習慣。

　　此外，要是姿勢不良，重心也會跟著偏移。由於身體處於平衡不佳的狀態，在棒球上的表現也會是大大的扣分。不僅如此，內臟更會因此受到壓迫，導致發育不良或心肺機能低落。甚至還有說法認為會降低集中力，可說是有百害而無一利。而用良好的姿勢站立，精神也會更加抖擻敏銳。這對於打棒球而言是非常重要的一件事。所以請告訴你指導的球員們，在進行任何動作前，務必記得「用正確的姿勢站立」。

正確的站姿

注意
不要駝背

頭頂至腳跟
應成一直線

近年，兒童姿勢不良的情況愈來愈多。這與小孩在戶外遊戲的次數減少、基礎肌力低落，以及躺著看電視等生活型態之變化有密切關係。此現象不只是棒球，也是兒童健全發育的一大癥結，必須特別注意。

基本技術　接球後傳

1 接球時往前跨出一步　　**2** 把球換到丟球的手

只要能互相接傳
就沒問題

除了投手之外，棒球比賽中幾乎沒有只是單純接球或單純投球的情況。

因此，接球和傳球兩者不應分開，而應當成一個整體來認識。這樣對於往後的學習也較有助益。

對於低年級的選手而言，學會如何「先接後傳」，便是最初的課題。

具體而言，只要能接住對方傳過來的球，然後把接到的球換到投球的手，再傳回給對方；三個動作一循環，做三次就OK了。換言之，只要能互相接傳就行了。

但是，對於初次接觸棒球，或是棒球經驗尚淺的選手，光是這樣就很困難了。儘管如此，如果馬上就鉅細靡遺地告訴他們「這麼做」、「那麼做」的話，反而會讓小孩子產生反感。

3 身體向後拉

4 傳球

此階段還不需要
詳細的技術指導

　　一如先前說過的，選手之所以做不到某些動作，一定有其原因。實際上，孩子可能是因為怕球才接不到球。也可能是因為還不了解球是如何依拋物線飛行的。所以，指導者必須思考選手做不好的原因，並使用適合其年齡的指導方式。

　　此外，在這個年紀對選手進行太詳細的

指導，不僅選手無法理解，還可能對指導者的話產生誤解。除了解說時不需要用到手臂、手肘等詞彙外，「用兩手去接球」這類描述也可能是誤解的原因。

　　要傳達某個觀念時，也應與理解該觀念所需的課題一同傳達，小心避免造成選手的混亂。

指南 001 傳接球

👤 人數：2人	
🕐 時間：10分鐘左右	
✌️ 次數：—	

目的 本來是用於熱身的活動，
但對低年級生而言有確認技術的重要功能。

1

▌運用全身來傳球是一大重點

2

▌用正面面對球的方式接球

順序

① 2人1組，從短距離開始

② 一邊傳球，另一邊接球，輪流重複進行

③ 兩邊慢慢拉開距離。低年級的話約至兩個壘包間的距離（或以下）就夠了

仁志流
指導祕訣

傳 接球對高年級選手而言是一種暖身運動，但對低年級選手來說則是一項必須做到的課題。如果辦不到的話，就要思考如何使選手學會。

指導者 MEMO 高年級選手練習傳接球時可漸漸拉開距離，但低年級選手如果勉強把距離拉得太遠，可能會使選手習慣用反作用力較大的不良姿勢傳球。所以應尋找適當的練習距離。

從傳接球可看出
選手打棒球的態度。
正面面對球是最重要的。

只要學會的話，
隨便傳也能接到

　　只要稍微懂得打棒球，傳接球其實不是什麼困難的練習。所以，即使稍微偷懶一點，還是怎麼傳都能接到。就算不動腳只用手，也能把球丟向對方；只要把手套伸向球，便能自然接到球。

確實踏出腳傳球，
並確實踏出腳接球

　　傳球的時候，往傳球方向確實踏出腳步是非常重要的事。同時，接球時如果確實往前踏出一步，身體便能自然地正面面對球。那才是正確的傳球與接球方法。即使是所需技術不高的傳接球，也應確實做好這個動作，用真摯的態度對待棒球。

進階練習範例

辦不到的時候
應該思考別的方法

　　手太小握不住球、害怕球飛向自己，或者還未理解球飛行的軌跡，有些人會因為諸如此類的原因而做不好傳球。遇到這種情況，重要的是尋找別的方法解決做不好的原因。透過反覆練習學習傳接球不僅沒有效率，還很容易讓選手感到厭倦。

指南 **002** **接大球**	👤 人數：2人
	🕐 時間：5分鐘左右
	👆 次數：—

目的 年紀較小的孩子還無法用手套接球。
首先，可以從兩手接大球開始練習。

▎身體跟著眼睛追上球的動態

▎用兩手接住球

順序

① 負責丟球的人從短距離內丟球

② 讓球在空中劃出弧形。讓孩子理解拋物線也是此練習的一個重點

③ 用兩手接住球。注意不要像躲避球那樣把球抱在腹部

仁志流
指導祕訣

很 多小孩子會對飛向自己的球感到害怕。為了消除這種感覺，所以才使用較大又柔軟的玩具球。首先讓孩子習慣球的存在本身是很重要的。

指導者 MEMO 之所以要用兩手接球，是因為小孩子只能這樣接。但棒球本來應該是以單手接球為主。所以練習時不需特別強調「用兩手接」。

指南 003 接住左右飛的大球

👤 人數：2人	
🕐 時間：5分鐘左右	
🔄 次數：—	

目的 將大球往左右投擲，讓練習者接住。
藉此引導其學會左右移動的動作。

1

▌用身體追逐丟到左右的球

2

▌用身體正面向球的姿勢去接

順序

① 負責丟球的人站在近距離處，往練習者身體的左右丟球

② 練習者運用腳步去追球

③ 用兩手接球

仁志流指導祕訣

等 習慣接從正前方丟來的球後，便可開始學習接往左右偏的球。讓球員明白不能單用手，而要用腳乃至全身去接球，有助其學會棒球的接法。

指導者 MEMO 大球很難只靠雙手接。所以接球者會自然地運用全身往球的方向移動，做出正面接球的姿勢。讓選手在這個年紀享受學習的過程是非常重要的。

指南 004　接住朝上下左右偏的大球

👤 人數：2人
🕐 時間：5分鐘左右
✌ 次數：—

目的　這回再加上上下兩種方向丟球。
幫助練習者學習如何用身體朝上下左右移動。

1
▌跳躍接住高飛球

2
▌學習往各個方向移動時運用身體的方法

順序

① 從短距離外往上下左右丟球
② 練習者用跳躍、彎腰等方式接球

仁志流 指導秘訣

本階段完全不需要給選手詳細的指導。只要讓選手自己用眼睛判斷球的方向，然後採取行動就可以了。在遊戲間身體會自然記住如何活動。

指導者 MEMO　用理論說明的話，整個流程就是觀察球、判斷其飛行軌跡，然後移動身體重心朝球的方向移動，用手吸收球的作用力並抓住它。但是，對低年級生就算解釋得這麼詳細也沒有太大的意義。

指南 005　用小球傳接球

👤 人數：2人	
🕐 時間：10分鐘左右	
☝ 次數：—	

目的　用小的玩具球練習傳接球。
使用與手掌大小相符的球，幫助選手習慣棒球的球感。

1

因為是小的軟球，所以接球時不會害怕

2

如果是與手掌相同大小的球，也能練習正確的握球方法

順序

① 2人以5m左右的間距進行傳接球

② 練習者是否能像接大球一樣，運用全身去接球，乃是一大重點

仁志流
指導秘訣

在成人眼中屬於軟質的軟式棒球，對孩子而言仍太大、太硬。改用小玩具球的話，孩子才不會害怕，對球產生親切感。

指導者 MEMO　球很大、球很重、球很可怕。這些印象都會阻礙棒球技巧的進步。指導幼稚園或小學低年級的孩子時，一定要避免讓他們對球產生這種感覺。

指南 **006**	**棒球的正確握法**	人數：1人 時間：適時檢查 次數：—

目的 如果握球的方法錯誤，球技就不會進步。
所以一定要讓選手記住正確的握法。

OK

▌食指、中指、拇指呈等腰三角形

NG

▌球太大的話拇指會習慣向外偏，這是很危險的習慣

順序

① 檢查選手的握球方式
② 如果握法錯誤，便教導其
　 正確的握法

仁志流
指導秘訣

首 先教導球員正確
的握球法，若是
球員學不會，可能是因
為球太大顆或是已經養
成不好的習慣。這種時
候就試著改用孩子能輕
鬆握住的小球吧。

指導者 MEMO 如果用上述的錯誤方法握球，手臂內側的肌肉便會緊繃，對姿勢造成不良的影
響，甚至可能導致受傷。所以絕對不能輕忽，一定要確實地指導球員。

指南 007	抬腳時默數「一、二」

👤 人數：2人
⏰ 時間：5分鐘左右
✊ 次數：—

目的	小孩子的身體動作很容易變得毫無系統。這樣一來就能有效地一次統整動作。

1 首先挺直背脊站好

2 然後抬起腳時腦中默數「一、二」

順序

① 在練習傳接球時增加此動作
② 抬腳時默數「一、二」後再傳球

仁志流
指導秘訣

小 孩子還無法靈活地控制身體，所以沒辦法統合抬腳和轉臂等動作。故需要藉由短暫的停頓，給予他們統合動作的時間。

指導者 MEMO	小孩子的動作晃動幅度較大，所以很容易亂掉。但若在抬腳時插入短暫的休止、讓動作統一的話，之後的動作也會跟著統合。

人數：2人
時間：10分鐘左右
次數：—

目的	投球的動作，就是將重心從一隻腳移動到另一隻腳。本練習的目的便是讓選手簡單理解這點。

少棒的基礎 從零開始的126個必備觀念＋訓練方法 第1章 棒球的準備

1 抬腳時重心放在軸心腳（右腳）

2 投球時重心轉向自由腳（左腳）

① 在練習傳接球時加入此動作
② 藉由落實垂直抬腳、確實揮臂，讓球員理解重心的變化

仁志流 指導祕訣

所謂的投球究竟是怎麼回事，對於小孩子而言可能很難理解。因為球是從手中離開，無論怎麼想都會認為是運用手部的運動。所以要讓孩子明白棒球其實是用腳的力量投出的。

指導者 MEMO

抬起自由腳（右投手的話是左腳），軸心腳（右投手為右腳）筆直站立。而投出球後軸心腳應完全抬起。確實做好這些動作的話，便能自然做出漂亮的投球姿勢。

指南 009 平躺向上丟球

| 👤 人數：1人 |
| 🕐 時間：5分鐘左右 |
| 👆 次數：— |

目的 手腕的動作就算用說的也很難讓選手理解。
藉由這個練習，讓選手自然學會。

1

平躺在地上，向正上方丟球

順序

① 平躺在地上，將球丟向正上方

② 低年級生可改用軟球，比較不易對球產生畏懼

③ 反覆接投，持續下去

仁志流 指導祕訣

既 然還無法做出拉回（take back）的動作，相對地便需要懂得靈活運用手腕。由於這個練習必須靈活運用手肘以下的動作才能做到，故可幫助選手自然記住手腕的動作。

2

接住掉下來的球

指導者 MEMO 用言語解釋手肘以下的手部動作是非常危險的事情。如果太過注意手腕，手臂便很容易處於僵硬的狀態，導致不良的習慣。故不要用言語解釋，讓選手用身體去體會是一大重點。

打擊

1 擺好姿勢，跟隨投手的動作　　**2** 身體拉回，手腕上抬。抬不抬腳都可以

打擊沒有正確答案

　　首先，我希望各位思考的，是打擊這項技術的本質。

　　實際上，打擊並沒有所謂的正確答案。在職業棒球中，每個選手都有自己的個性，理論也各不相同。一般認為，擊球的力道愈強，愈容易打出安打。但在職業棒球中也有所謂的內野安打，比起擊球的力道更重視打擊方向的選手也大有人在。

　　打擊的理論也是眾說紛紜。除了揮棒的力道外，也有像是用球棒把球送出去的打法，以及重視打擊角度的打者等等，可說是大異其趣。每個人選擇的打法和重視的地方也各不相同。

　　當然，強力和正確仍是主要的方向，只不過每個人達成目標的途徑不同而已。所以，在打擊時讓所有人用同樣的方式進行相同的練習，其實沒有什麼意義。

3 開始揮棒。從這個動作開始屬於無意識的動作

4 只要腦中想著用力揮棒就OK了

看似多餘的動作
也是選手的個性

打擊是一種很重視個性的技術，所以指導少棒選手時也必須顧及這點。

即使是乍看之下多餘的動作，也應將其視為選手的個性。那些多餘的準備動作往往能增加擊球的力道，或是能調整打擊節奏命中球心。

所以，矯正多餘的動作，往往會抹煞掉球員的個性。而那或許也等於消除了球員未來的可能性。

對於低年級的選手而言，只要能擊中球就可以了。就算是高年級生也不須要求太多，請在重視個性的前提下指導球員吧。

指南 010 球棒的握法

👤 人數：1人	
🕐 時間：適當	
☝ 次數：—	

目的

球棒的握法也是個性的一部分。
只要用自己舒服的握法就行了。

右打者的握法

▌右打者為右手在上

順序

① 不需要特別準備什麼
② 舉起球棒，輕輕揮動，調整到自然的位置

仁志流
指導祕訣

坊 間也有一些嚴格的握棒方式，但可以不用太過在意那些細節。請實際拿起球棒揮動看看，找出自己容易施力的位置吧。

左打者的握法

▌左打者為左手在上

指導者 MEMO

如果是木製的球棒，因為有木紋的關係，所以打擊時球棒商標面向哪裡非常重要。然而，一般常用的金屬球棒就不需要在意商標方向。相反地，如果一直用相同的位置打擊，反而會使球棒的該部位更快受損。

少棒的基礎 從零開始的126個必備觀念＋訓練方法　第1章 棒球的準備

<table>
<tr><td>指南
011</td><td>打大球打擊練習</td><td>👤 人數：2人
🕐 時間：5分鐘
✍ 次數：—</td></tr>
</table>

目的	打擊時若無法擊中球就沒有意義。 首先先從容易擊中的球開始練習吧。

1

▎用大球餵球

順序

① 在球網前進行拋打練習
② 投手用輕巧的大球餵球
③ 打擊者擊球，只要擊中就行了

仁志流
指導秘訣

—— 直打不到球的話，就無法體會到打擊的樂趣。所以才要使用大球。如果打得到球，大家便會喜歡上打擊。

2

▎一開始只要能擊中球就OK了

指導者
MEMO

有些大球的重量比較重，必須留意。應盡量選擇較輕的球種，讓球員們體會到打擊的樂趣是最重要的。

指南 012	學習正確的站法

	人數：1人
	時間：適時檢查
	次數：—

目的　打擊也有必須嚴格遵守的事項。
站法就是非常重要的一環，務必讓球員學會。

OK

右打者的腳。腳尖應平行不向外側打開

NG

腳尖向外打開

順序

① 檢查打者站上打擊區時的姿勢

② 尤其當打者軸心腳腳尖往外側打開時，必須確實矯正

仁志流
指導祕訣

雖然打擊時應避免進行太過瑣碎的指導，但這部分一定要確實教導。這種站法不利於使力，跟球棒拿錯手是同等級的錯誤。

指導者 MEMO　不只棒球的重心會放在兩腳內側，基本上所有運動的出力點都在這個位置。如果不用拇趾球（腳拇趾根部的半球狀部位）的話，就無法使出力量。

指南 013 定點練習打小球

👤 人數：1人	
🕐 時間：10分鐘左右	
🖐 次數：—	

目的 用球座打擊可以重複練習相同高度的揮棒。
利用這個方式學習擊球的姿勢吧。

1

不用著急，站穩姿勢後再揮棒

順序

① 把小球放在球座上
② 瞄準小球揮棒。反覆打擊相同位置的球，學會揮棒的方法

仁志流
指導祕訣

把 球棒揮向瞄準的位置，對低年級選手而言是很困難的事。所以才要使用球座練習。可以把球座調高和調低，分別練習高位置和低位置的打擊。

2

練習把球棒揮向瞄準的位置

指導者 MEMO 用球座打擊的好處，是可以重複練習相同球路的球。高年級的選手若想學會打擊某些特定球路的球時，也可以使用球座練習，應能提高訓練的集中度。

指南 014　用小球拋打練習

👤 人數：2人	
🕐 時間：5分鐘左右	
✋ 次數：—	

目的
等到可以擊中球後，便能進一步挑戰拋打練習。
為了避免恐懼的心理，所以先從小球開始。

▌用小玩具球餵球 **1**

順序

① 準備柔軟的小玩具球
② 餵球者用拋物線輕輕拋球
③ 打擊者將球打向球網

仁志流指導祕訣

待 球員能有一定程度地控制球棒後，就開始試試拋打吧。雖然剛開始可能會打不中球，但只要多加練習就能提高命中率。

▌打中球的話便能感受到樂趣所在 **2**

指導者 MEMO
有些拋打練習會像搗年糕一樣，讓餵球者用很快的節奏不停拋球給打者打擊，但少棒選手還不需要用到這種方式。每球保持一定的時間間隔，一球一球慢慢來，從旁監督選手練習吧。

指南 015 用軟式棒球拋打練習

👤 人數：2人	
🕐 時間：5分鐘左右	
☝ 次數：—	

目的　用實際比賽用的球進行練習。
只要能不畏懼地擊中球就OK了。

1 用軟式棒球拋打練習

2 讓球員習慣軟式棒球是練習之重點

順序

① 在球網前從打者斜前方餵球

② 只要打者能控制球棒、擊中球的話就OK了

仁志流
指導秘訣

運 用各種不同的球讓選手熟悉揮棒動作後，最後也要使用比賽用的棒球來練習。如果訓練對象是還沒有機會進行比賽的小孩子，就不用勉強進行這項練習。

指導者 MEMO　目前介紹的都是非常基本的訓練，如果發現選手有某些地方仍做不好，就應回到基本的部分重來一次。仔細思考各式各樣的道具和訓練方法，提升選手的能力吧。

學習各種不同的動作

**棒球以外的遊戲或運動
也很有助益**

　　以前的時代，小孩子間很流行玩鬼抓人、踢罐子，以及公園的遊樂器材等戶外遊戲。但我想很多讀者也都知道近年因為外出危險等理由，愈來愈多孩子選擇在家玩電玩，到戶外遊玩的孩子日漸減少。

　　小學的階段，正是神經系統快速成長的時期。所謂的神經系統，就是負責將眼睛或耳朵等器官接受到的訊號傳送至腦部，同時也會將腦部發送的命令傳送至肌肉，對身體運動有巨大影響的系統。換言之，神經系統愈發達，就愈能隨心所欲、自由自在地活動身體。

　　而戶外遊戲其實對訓練神經系統十分有效。但現在的小孩子愈來愈少從事那些戶外活動，所以才需要積極地進行訓練。

**神經系統不發達的話，
不利學習棒球技術**

　　發達的神經系統，乃是身體運動的基礎。因此，尤其是對小學生而言，先鍛鍊神經系統是非常重要的。

　　那如果不進行神經系統的訓練，光是練習專門技術的話，又會發生什麼事呢？

　　很遺憾地，這麼做的話恐怕很難學習棒球的技術。只要稍微思考一下便會明白。原本，先學會怎麼隨心所欲的控制身

當球員無法理解某項動作時，指導者的協助便相當重要

體，再來練習棒球或其他運動的專門技巧，才是學習一門運動的正確方法。但連基礎的身體活動都辦不到，一下子去練習高難度的技術，根本沒辦法精通。

　　小學階段，最重要的是學習各式各樣的運動。實際上，在我自己開設的棒球教室中，如果表定上課時間為1個小時，大概有一半的時間（30分鐘）都是用來進行神經系統的訓練。棒球的專門技術，等到國中或高中階段再開始正式學習就行了。

**身體發育完全前就訓練，
可能導致受傷**

　　好比用太重的球連續練習打擊，往往

會成為腰痛的原因。有研究結果發現，在孩子身體發育完全前，就勉強孩子抬高手肘來傳球，將導致高中時期身體發育後的疼痛或障礙。小學階段就算集中練習專門技術，不僅成效不佳，可能還會留下極大的後遺症。

OK　NG

放低姿勢、壓低重心的話，身體便能保持穩定
彎腰駝背、沒有放低重心，身體便不穩定。而且視線容易追丟球

即使學會了技術，
應對能力也不會提升

　　反覆練習棒球的專門技術，便能對該項技巧有一定程度的掌握。

　　例如滾地球的接球練習，可以幫助孩子或多或少地學會接滾地球。但滾地球的方向一旦偏離，或是遇到平飛或高飛球，就無法以已經學會的技術去應對。而且也無法在接球後快傳回壘包，或是從不利傳球的姿勢把球丟到想丟的地方。然而，要透過練習學會所有情況的對應方式，需要花費非常多的時間。由此觀點看來，神經系統的訓練有非常大的效果，也是提升運動技巧的捷徑。

同時練習到棒球動作的
神經系統訓練法

　　能在鍛鍊神經系統的同時，也練習到打棒球所需的要素，是最理想的情況。因此我在專家的協助下，設計一套加入棒球動作的神經系統訓練法。

　　練習棒球守備動作的時候，常常會聽到指導者要求「腰部再沉一些」或「身體再低一點」。然而卻常常會看到彎腰駝背，只有頭往下壓的姿勢。

　　正確的姿勢應該是髖關節、膝蓋關節、足關節同時彎曲，使整個腰部向下沉。由於這個姿勢的重心較低，身體也比較穩定，才能在與球保持同高的狀態持續移動。

　　而神經系統的訓練中，也有保持半蹲

OK **NG**

做出正確的姿勢，肩胛骨較易活動，手臂的可動範圍也較大
姿勢錯誤的話，肩胛骨的活動範圍較窄，手臂的可動範圍也較小

移動的項目。這項訓練也是以低重心、低姿勢移動，相當於用類似棒球守備的姿勢訓練。

　　此外，訓練時應嚴格要求姿勢和腳尖、膝蓋的方向等等。假使腳尖和膝蓋的方向錯誤，便會對膝蓋造成很大的負擔。要是在日常生活中養成了習慣，有可能會導致受傷，所以一定要及時糾正。只要反覆矯正的話，便能使球員養成正確的姿勢；而正確的姿勢有助提高靈敏度，使球員能做出理想的動作。

**活動肩胛骨與周邊肌肉，
提升柔軟度**

　　關節的柔軟度對打球和預防受傷都很重要。

　　光從傳球這個動作來說，要是肩胛骨太過僵硬，便無法大幅度地轉動手臂、傳出有力道的球。關節太僵硬的話，受傷的風險也比較高。解決這個問題的有效方法，就是做肩胛骨周圍的伸展運動。讓肩胛骨朝所有可動的方向來回伸展，便可以提升柔軟度。

　　而下一頁開始，我將為各位介紹如何進行這好處多多的神經系統訓練。

指南 **016**	**深蹲**	👤 人數：1人～
		🕐 時間：—
		✋ 次數：10～20次

目的 髖關節、膝關節、足關節彎曲，做出壓低重心的姿勢。

順序

① 兩腳打開與肩同寬，背脊打直站好

② 腳踝、膝蓋、髖關節同時彎曲

1 ▌兩腳打開與肩同寬

2 ▌腳踝、膝蓋、髖關節彎曲

3 ▌背肌自然打直站立

4 ▌不要只有腰彎下去，膝蓋也要彎

仁志流 **指導祕訣**

站 立時應有意識地將力量放在腳掌拇指內側的拇趾球上。將體重放在拇趾球上，可以在奔跑時更快起步，或在打擊時產生更多力量。

指導者 MEMO 重心放低的時候，重點是腳踝、膝蓋、髖關節等3處保持相同的彎曲程度。另外還要檢查腳尖與膝蓋是否朝前，做出正確的姿勢。

棒球的準備		

指南 017　**前跨步**

- 人數：1人～
- 時間：—
- 次數：10～20次

目的　鍛鍊在奔跑時快速停止所需的大腿前端肌肉。

1

▌腳尖與膝蓋朝向同方向

2

▌從前腳掌前側開始著地

順序

① 背脊自然打直站立
② 單腳向前跨出。左右兩邊輪流

指導者 MEMO　使用大腿前端和屁股肌肉，吸收著地時的衝擊和力量。

棒球的準備		

指南 018　**側跨步**

- 人數：1人～
- 時間：—
- 次數：10～20次

目的　鍛鍊橫向移動時快速停止所需的大腿前端肌肉。

1

▌背脊自然打直站立

2

▌腳尖和膝蓋朝向同方向

順序

① 背脊自然打直站立
② 單腳橫向跨出。左右兩腳輪流

指導者 MEMO　腳部著地時，保持平衡並彎曲腳踝和膝蓋、髖關節是重點。

<table>
<tr><td>指南
019</td><td>用半蹲走
玩一二三木頭人</td><td>人數：3人～
時間：—
次數：1～2次</td></tr>
</table>

目的 壓低姿勢向前移動，記住瞬間停止的動作。

1 開始前放低腰臀，壓低重心

2 保持壓低重心的狀態前進、停止

3 腳踝、膝蓋、髖關節彎曲

4 以不挺身的狀態前進

順序

① 選一個人當鬼，其他人到10m外站好

② 鬼大聲喊「一二三木頭人」後，回頭抓人

③ 其他選手聽到「一二三木頭人」時半蹲前進，在鬼回頭抓人前停止

④ 重複進行直到前進10m

仁志流
指導祕訣

半蹲走可以鍛鍊內野手等需要壓低姿勢移動的位置所需的動作。壓低重心保持身體穩定，雙手才能自由地活動。

指導者 MEMO 此動作也需要注意將體重放在腳的拇趾球上。雖然長時間維持低重心很不容易，但還是要注意讓腳尖與膝蓋朝向同方向。如果10m太長的話，稍微縮短距離也沒關係。

指南 020	跳圈圈

👤 人數：2人～

🕐 時間：—

✋ 次數：20m，1～3趟

目的 學習如何壓低姿勢快速地左右向前移動。

順序

① 所有人分成兩隊，面對面站好
② 聽教練的口令同時前進
③ 一隻腳踩一個圓圈，左右腳交互向前跳
④ 兩邊相遇時猜拳
⑤ 猜贏的話繼續前進，猜輸的話回到起點
⑥ 其中一隊全部到達對面時結束

1

聽教練的指示開始，左右腳交互跳圈前進

2

雙方相遇時猜拳。獲勝的一方繼續前進，輸的一方回到起點

仁志流 指導秘訣

本訓練最重要的是姿勢。背脊要打直，膝蓋與腳尖都要朝向前方。

指導者 MEMO 著地時應有意識地一邊用腳踝、膝蓋、髖關節吸收衝擊，一邊前進。左右腳輪流跳著向前。

指南 021 敏捷度訓練①向前衝刺 →倒退跑→向前衝刺

- 👤 人數：1人～
- 🕐 時間：—
- ☝ 次數：10m，2趟

目的 快速壓低重心，切換移動之前後方向。

1
▌聽教練的口令開始

2
▌看到教練張開手掌時倒退跑

3
▌看到教練手指向前則向前衝

4
▌全力衝向終點

順序

① 選手站在起跑點
② 聽到教練的指示後起跑
③ 看到教練的手掌攤開，便改為倒退衝刺
④ 看到教練的拇指向前，則再次向前衝刺
⑤ 重複兩次

仁志流 指導秘訣

教 練用手打信號時，也可出聲喊出「衝」、「退」。

指導者 MEMO 除了本項外，敏捷度訓練還包括①慢跑轉身衝刺、②倒退跑轉身衝刺等許多種類。第8章我們還會再介紹其他種類的訓練。

指南 022 搶毛巾鬼抓人

👤 人數：2人～	
🕐 時間：30秒×2～4	
👆 次數：—	

目的 在有限的範圍內，一邊變換速度，一邊快速地前後左右移動。

1 決定誰當鬼，聽教練的指令開始

2 逃跑的一方應用身體正面擋住當鬼的人

3 保持可以快速移動的姿勢逃跑

4 毛巾被搶走的話則遊戲結束

順序

① 訂定遊戲範圍，雙方進入其中

② 決定誰當鬼、誰逃跑，逃跑的一方把毛巾塞在後方褲頭

③ 聽教練的口令開始

④ 當鬼的人搶到毛巾或逃跑的人成功保住毛巾，30秒後分出勝負

仁志流 指導秘訣

本頁介紹的雖然是2人1組，但也可以3～5人一組，分成好幾區同時進行。

指導者 MEMO 跟前面的幾種訓練一樣，壓低重心、將體重放在腳的拇趾球上，膝蓋與腳尖同方向乃是重點所在。

指南 023 平衡盤金雞獨立

目的 訓練球員在搖晃的台座上保持平衡。

左側直書：

順序

① 準備一個平衡盤

② 一隻腳站上平衡盤

③ 聽教練的指示，在平衡盤上單腳站立

④ 金雞獨立維持10秒後，換腳再做一次

1 ┃ 一隻腳站在平衡盤上

仁志流 指導秘訣

如果平衡盤灌氣灌得太飽，會很難維持平衡。應按照選手的平衡感調整。

2 ┃ 兩手水平張開，保持平衡。做完換腳

指導者 MEMO 為了更容易維持平衡，腳尖與膝蓋應朝向前方。同時背脊自然挺直、雙手張開，維持平衡。

指南 024	活動肩胛骨 ①

| 👤 人數：1人～ |
| 🕐 時間：— |
| ✌ 次數：10～20次 |

目的 提升肩胛骨的柔軟度，並使肩胛骨活動更順暢的訓練。

合臂練習

1 縮起背部、合緊手肘

2 夾起兩邊肩胛骨，張開手肘

順序

合臂練習

① 兩肘併攏站直

② 一邊夾起肩胛骨，一邊張開手肘

③ 重複此動作

轉臂練習

① 手肘彎曲，指尖向上

② 指尖維持向上，同時夾起肩胛骨

③ 重複此動作

轉臂練習

1 指尖向上，身體站直

2 一邊夾起肩胛骨，手臂一邊向後放下

仁志流 指導秘訣

此 系列的訓練重點在於肩胛骨的活動。如果只是模仿表面的動作，就不會有任何效果，務必注意。

指導者 MEMO 此系列訓練的重點，在於正確地活動肩胛骨。訓練前指導者應先碰觸選手的肩胛骨，讓選手了解肩胛骨上下或左右、斜向移動的感覺。

指南 **025**	# 活動肩胛骨②

👤 人數：1人～

🕐 時間：—

✋ 次數：10～20次

目的	提升肩胛骨的柔軟度，並使肩胛骨活動更順暢的訓練。

向上伸展

1 將肩膀以下的手臂向上伸展

2 向上抬起肩胛骨

扭臂練習

1 兩手與地面水平張開，一手向前、另一手向後扭轉

2 接著反過來一手向後、另一手向前翻轉。重複此動作

順序

向上伸展

① 將肩膀以下的部分向上舉起

② 連同肩胛骨，將整條手臂向上伸展

③ 重複此動作

扭臂練習

① 兩手盡量與地面水平張開

② 一手向前、另一手向後，左右反方向扭動

③ 重複此動作

仁志流
指導祕訣

這 次介紹的4種肩胛骨運動，與投球和打擊等棒球技巧具有密切關係。平時應有機會就盡量練習。

指導者 MEMO	手部伸展是特別難看出變化的練習。指導者應觀察或觸摸選手的肩胛骨，檢查動作是否正確。

指南 026　活動髖關節

👤 人數：1人～	
🕐 時間：—	
✋ 次數：10～20次	

目的 對提升棒球技巧和預防受傷十分有效，
有助髖關節活動更加順暢的訓練。

彎曲與伸展

1 腹部用力，將腳向前抬高

2 注意不要讓上半身彎下去

順序

彎曲與伸展

① 一邊行走一邊抬腳
② 順勢將腳朝後方抬起
③ 換腳進行相同動作
④ 重複此動作

迴旋

① 舉起單腳，由內側向外側轉動
② 接著再反方向改由外側向內側轉動
③ 換腳進行同樣動作
④ 重複此動作

迴旋

3 運用髖關節，大幅度轉動腿部

4 轉動時保持肚臍朝向正面

仁志流 指導祕訣

強 化髖關節不僅可以強化投、打等棒球技術，也能預防受傷，是非常重要的部位。

指導者 MEMO 背脊自然伸直是進行此訓練時的一大重點。姿勢正確的話，關節的可活動範圍較大，同時也更容易保持平衡。

COLUMN ①　何謂棒球的技術？

正確理解「基礎」
一詞的意義

棒球的訓練中，常常會用到「基礎」這個詞。當然，棒球中有所謂的基礎動作和移動方式；然而，我認為這個詞或許有點被過度使用了。

好比說，有些人會研究打擊的基礎。但是，所謂的打擊，不管姿勢如何，其實只要能把球打出去就行了。所以說，其實沒有太多的基礎可言。除了握棒時左右手的上下位置、任誰來做都不自然的姿勢、違反人體結構的打擊法外，根本找不到什麼基礎理論來說明。

至於投球方面，某種程度上的確可以找出有理可循的機制。而守備上，由於需要合理的最快速度，所以也有適用於每一位球員的標準動作。

那些理論性、有理可循的部分，的確可以稱為「基礎」。但是，要是把這些部分用高速錄影或慢動作分解來分析，明確地指示球員，卻又大有問題。

一如本書的解說，棒球的動作分為可以意識改變的部分，以及無法那麼做的部分。那些無法改變的部分，就算用言語糾正，選手也不可能改過來。反而會為了修正這些動作讓整體變得很不自然。

「手應該怎樣怎樣」、「腳應該怎樣怎樣」，這些東西乍看之下好像屬於基礎的部分，實際上卻不是如此。真正的基礎，應該是動作的整體才對。

少棒的基礎　從零開始的126個必備觀念＋訓練方法

第2章

理解棒球

how to know baseball

完全不思考就上場打球，
是不可能打好棒球的。
必須動腦筋、自己思考，理解棒球的內涵
以及打球的樂趣，技術才會進步。

仁志流　棒球理論 01

升上高年級後
也要知道棒球的原理

比賽的勝負開始有了意義

　　我們說過，小學低年級時「只要能夠接、傳、打就OK了」。由於多數的球員還沒有能力上場比賽，所以也打不出正式的比賽。就算比了，勝負也無法反應出選手的強弱和實力。所以，比起勝負，選手能在比賽做到什麼程度這件事更有意義。

　　而升上高年級後，可以做到的技術增加，開始能打出比較正式的比賽。實力好的球員較多的那隊，或是團隊精神較佳的隊伍，勝率也會跟著提高。換言之，比賽的勝負開始有了意義。

　　而努力贏得比賽正是運動家的根本。打球的目的不再是「接到球」，而是「接到球並製造出局數」；不是「打中球很開心」，而是「擊出安打得分」，變成以「贏得比賽」為目的。

只是不斷地重複練習
不會進步

　　雖然升上高年級後就必須努力提升自己的球技，但只是不停重複同樣的練習，是不會進步的。

　　因此，這裡讓我們暫時換個視點。不是從棒球，而是其他運動的角度思考看看。請大家簡單想像一下田徑中的短跑項目。

　　田徑就跟棒球一樣，小時候只要能向

從體能和原理兩方面提升球技

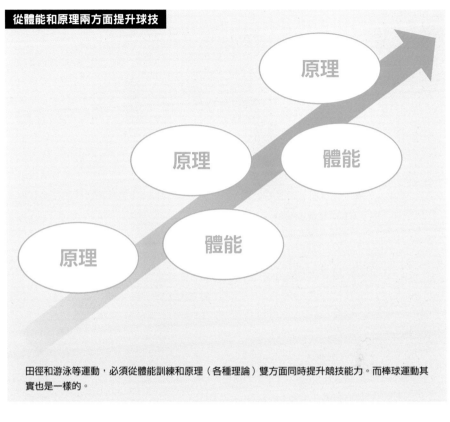

田徑和游泳等運動，必須從體能訓練和原理（各種理論）雙方面同時提升競技能力。而棒球運動其實也是一樣的。

前跑就覺得很開心。可是升上高年級後呢？因為逐漸開始按錶計時，所以「跑得快」成為練習的重點。但是，只是跑步的話是不會變快的。

於是，有人便想到要透過訓練提升體能。然而，要是不知道短跑與哪些能力相關，訓練就無法發揮效果，甚至可能導致反效果。

所以必須理解跑步的物理機制，還有與其相關的能力，以及可以提升這些能力的訓練理論。這就是運動的原理。

**從體能和原理雙管齊下，
就能提升球技**

如果球員有某方面表現不佳，就要從體能上尋找表現不佳的原因，再從原因去思考究竟與何種能力相關，需要進行何種訓練才能有效改善。

從體能訓練和原理兩頭雙管齊下、提升表現，才是運動競技的本質。而要求許多專門技術的棒球也一樣，唯有同時重視這兩個層面，才可以提升選手的能力。

認識棒球所需的身體能力

打棒球需要靈巧度
與敏捷度等能力

　　前面說過，體能因素在棒球運動中十分重要。那麼，實際上影響球技的究竟是那些部分的體能呢？

　　我將這些要素以圖表的形式列於右頁，請各位參照。比方說，以守備而言，看到打者把球打出去時起跑追球的動作，就需要快速衝刺的敏捷度（quickness）。此外，看見球後立刻朝其方向反應的能力也很重要。就這部分來說，比起棒球本身的技術，更需要類似田徑短跑選手的能力。

　　追逐飛出去的球時，最重要的是影響來回橫跳之速度的靈巧度（agility）和身體的穩定性。需要作出類似足球選手的動作。

　　然後到了接球、傳球的部分，才終於與棒球本身的技術有關。棒球的接、傳有很多不同的方法，而每種動作都需要練習才能學會。就跟拳擊手學習刺拳、直拳、鉤拳等各種拳路時一樣。

　　然而，這部分同樣會受到體能因素很大的影響。投球的力量和守備動作的強度等，都必須藉由訓練習得。就像拳擊手要經過鍛鍊才能揮出強力的一擊一樣。

不要只做整合練習

　　即使只是粗略地分解，光是守備動作

體能對實際打球的重要性

守備									
起步		追球		接球				傳球		
反應力	敏捷度	穩定度	靈巧度	柔軟度	強度	節奏	變化度	強度	傳球方法	變化度
體能訓練	體能訓練	體能訓練	體能訓練	體能訓練	體能訓練	棒球練習	棒球練習	體能訓練	棒球練習	棒球練習

身體的姿勢

上表為守備能力的詳細分類。其中能藉棒球練習提升的部分意外地少，大多是仰賴身體能力。說得極端點，如果能在起跑和追球的部分擠出更多的反應時間，就算技術不佳也能接到球。同時，以上所有部分都會受姿勢的正確度影響，這點比想像中更重要。

就能分析出這麼多要素。必須一一檢視這些因素，針對不足的部分用特訓或技術練習補強，最後才能進行統合所有要素的整合練習，也就是練習接飛球和自由擊球。

所以，守備能力較弱的球員，無論接多少次飛球也不可能進步；無論多麼拚命練習自由擊球來提升打擊能力，打擊率也不會提高。

在設計訓練項目時，最重要的是考量所有的要點，不偏重整合性的練習，將時間用來提升選手不足的能力。

要理解棒球不是手部運動，
而是腳部運動

踢足球看腳，
打棒球卻容易看手

棒球是種用手接球、傳球，並用手拿球棒打擊的運動。因此，非常容易讓人把注意力都放在手上。

但換作是足球，由於只有守門員和從界外發球時會直接用到手，而且大家的目光焦點都在球員腳邊的球上，所以自然會把注意力放在腳上。也因此，即便是假動作等高技術性的動作，也非常重視腳上功夫。

然而，棒球卻經常只注意手部的技巧。大家總是在思考手部的動作，每當打不好時，都只想到先從手部動作開始改善。但是，跟足球一樣，打棒球真正重要的其實是腳。無論是接球或傳球，都是以腳的移動為主，手腕只是建立在前者之上的輔助動作。如果腳上功夫不好，就不得不用手來輔助身體維持平衡。在那種狀態下，無論手套再怎麼動、無論手速再怎麼快，都派不上用場。

很多人指導球員時常常要求「手肘要怎樣怎樣」、「手套要怎樣怎樣」，把注意力放在手部；但是愈是覺得手部動作有問題時，就愈應該回頭檢視腳的動作。然後告訴球員「腳可以這麼移動」，才是正確的指導方法。

棒球最重要的是「腳」

接球的是腳

接球時應踏穩右腳，然後伸出左腳，一邊將重心往左腳移動，一邊接住球。如果這個步法不夠流暢，不僅很難接到球，也無法順利地切換至傳球的動作。

投球的是腳

傳球的動作必須將重心從軸心腳移動到跨出的自由腳上。若是投手的話，腳部的動作更會大大影響球的方向和速度。而守備傳球的情況，則必須從接球時就考慮到隨後的腳步移動，提前準備。

打擊的是腳

打擊時，首先應將重心放在軸心腳上，然後藉著軸心腳的旋轉以及將重心轉移到踏出的另一隻腳（力量的運作方式因打擊者而異），轉換成揮棒的力量。此外，骨盆和髖關節的動作也很重要。總而言之，就是要運用下半身來打擊。

學習棒球的本質和規則，也能提升球技

不知道「為什麼」，就無法變強

　　棒球中有各式各樣的理論。例如想用短打將跑者從二壘送上三壘時，「將球打給對方三壘手接」就是最主流的理論。但是，把這些理論像學校考試一樣讓球員死記硬背下來，是沒有意義的。這是因為如果不知道為什麼要這麼做，就無法應變真實比賽中瞬息萬變的狀況。

　　用短打將跑者送上壘時，如果把球打向三壘，三壘手必須去接球，對方就無法把球傳向三壘，可以讓跑者輕鬆上壘。這就是前述理論存在的原因。但是，如果對方一壘手的動作很遲鈍，也可考慮把球打向一壘。重要的不是把球打到哪邊，而是跑者能否上壘。

　　此外，了解規則也很重要。例如決定比賽是否仍在進行或暫停的活球、死球規則；當攻守即將交換時，用來判斷出局與得分優先順序的妨礙守備、妨礙跑壘規則；以及決定出局成立時機的封殺與觸殺規則等。這些全都是與比賽息息相關，且可以左右比賽結果的規則。

　　想提升棒球的實力，不是只有活動身體這個方法。學習知識同樣可以提升自己的實力。

「知道規則」才能在比賽中下判斷

了解棒球本身的規則

球場上畫在一壘手右側的直線稱為一壘間三呎線；而夾在三呎線與邊線間的區域則稱為三呎區。只要跑在這個區域內，就算被捕手的傳球丟中也不算妨礙守備（故意例外）。但如果對方沒有傳球的意思，就不必特地跑進這個區域。

了解自己適用的規則

在職業棒球中，捕手會用身體去阻擋跑回本壘的跑者，這是職業界常見的戰術，並不違反規則。但在業餘棒球中，由於這種戰術很危險，所以捕手絕對不能擋在跑壘的路線上。了解自己的比賽適用何種規則也是非常重要的功課。

學習理論

二壘上的跑者在比賽中經常會離壘，站在壘包後方一小段距離外。因為這麼做可以更快繞過三壘，在打者擊出安打後一口氣跑回本壘。但是，如果是短打，目標就是三壘。這時為了縮短跑壘的距離，所以離壘時會改站在二壘與三壘間的直線上。

為什麼要「接球」？

該怎麼做才能
「為獲勝全力以赴」？

從低年級升上高年級後，身體便逐漸能做到各種棒球的動作。

例如可以接到某些高飛球或滾地球，並能傳出讓接球者比較好接的球路。打擊方面，打擊率也會逐漸提高。

成長到這個階段，就能開始打出比較正式的比賽。當然，比賽時還是會出現一些小過失或做不好的地方，但已經不會再看到那種失誤頻頻和不停投出四壞球保送的比賽。

而所謂的比賽，必須要兩邊隊伍「為了求勝而全力以赴」方能成立。無論是遊戲還是運動，都必須在自己和對手皆竭盡全力、沒有絲毫保留的前提下，才能體會到樂趣。即使說這是一種義務也不為過。

既然是全力以赴，攻守就會有所目的。好比接球的時候，想當然耳，目的就是「讓對方的跑者出局」。

想讓跑者出局，就必須在對方到達壘包前把球傳回去。換言之，就是速度的競爭。因此需要起步得快、跑得快、接得快，然後把球傳出去；甚至未來升上國中、高中、乃至職業棒球界，都必須不斷精進這項能力。

不同年齡的技術差異

低年級只要會接就可以了

小學低年級是為未來進步打下基礎的時期。所以在接球方面，只要接得到就可以了。不以能快速接到球為優先，不使球員對球產生恐懼，可以勇敢面對球的話對未來將大有助益。

高年級後要挑戰使對手出局

升上高年級後，就必須開始以讓對手出局、贏得比賽為目標。無論對方打出來的球有多快、無論對方的跑者跑得多快，都不能輕易認輸，全力迎接挑戰使對方出局。不能再只是接到球就好，必須追求速度，以快速接球、傳球為目標。

仁志流
指導秘訣

小學低年級的階段，可以只教導選手如何接球就好。但升上高年級後，便應減少單純接球的練習。盡可能讓選手將接球和傳球視為一連串的動作。

為什麼要「傳球」？

以「出局」為目的傳球

低年級時，只要懂得基本的傳接球技巧就夠了。只要選手能正確地做出抬腳、跨步的投球動作，就算是合格。

但升上高年級後，便必須在比賽中「為了求勝全力以赴」。所以就跟接球一樣，傳球的意義也會有所改變。

之所以要傳球，是因為自己的隊伍正在守備。因此，傳球時必須以「使對方出局」為目的。為了比對方跑者上壘的速度更快，在接球階段就得要求快速，而傳球的標準也大幅提高，必須用最短的時間、最快的速度，以及接球者最容易接到的球路正確地傳出去。刺殺跑者的方法也不只

把球搶先傳回壘包的刺殺，還有直接用球觸殺一途。這種時候，就必須進一步考慮如何把球傳到接球者容易觸殺跑者的地方。

不只是野手間的傳球，投手的投球也是以「使對方出局」為目的。無論是投出好球、讓打者擊出普通的飛球、或是讓對方揮空，全部都是為了這個目的。

同時，正是為了達成這個目的，才會要求投手投出快速直球以及各種不同球路的變化球。

不同年齡的技術差異

低年級只要會傳球就可以了

關於傳球的部分，低年級只要懂得傳接球的程度就OK了。不需要追求正確性和速度。只要學會抬腳、跨步、用全身力量傳球，而不是只用手傳球，就算是為高年級打好基礎了。

高年級應以「出局」為目標

不論是野手或投手，都應以「使對手出局」為目的傳球。若是野手，則較要求快速傳球給接球者的能力。而若是投手的話，則要懂得投出快速直球，或是投出各種不同球路的變化球來達成目的。這道理也適用於職業球員。

仁志流
指導祕訣

成 長到一定的年紀後，便可開始教導球員野手間的傳球（throw），和投手的投球（pitching）在規則上的差異。了解這點後，也會更容易理解與牽制球有關的規則。

為什麼要「打擊」？

攻擊的目的在於「得分」

　　若說守備的目的是「使對手出局」，那麼攻擊的目的當然就是「得分」了。而實現這個目的最簡單的方法，就是「連續擊出安打」。青少年世代的「打擊」訓練，也應以此為優先。

　　然而要注意的是，打擊和守備有根本性的差異。由於守備時大多都是與對手時間上的競賽，所以會要求選手盡可能去除多餘的動作，採取最精簡的行動。因此，守備動作也有所謂的標準範例。

　　然而，打擊是不需要與時間競賽的，並沒有愈快（愈早採取行動）愈好的理論。

　　所以，訓練時只能活化每個選手的特性，提高擊出安打的機率。

　　當然，用「保送和短打」等團隊戰術贏得比賽，也是棒球中很重要的一環。但是這類戰術只要懂得運用就足夠了。如果用得太頻繁，便會破壞「擊出安打」的大前提。

　　既然是比賽，當然應該以「獲勝」為最終目的。但是，那是從選手的角度而言。身為指導者應該看得更遠，將勝負視為「一種（不多也不少的）結果」。

不同年齡的技術差異

低年級只要能打中球就可以了

低年級時，只要能揮棒擊中球就夠了。比賽時能否打出安打，有一部分取決於對手的實力。強力揮擊的力量，以及控制擊球方向的靈巧性，在這個年紀都還無法發揮。讓球員感受到打擊的樂趣才是最重要的。

高年級應以「得分」為目標

想要獲勝就必須「得分」。所以打擊時便要思考如何得分。而想得分就必須「打出安打」。那麼，打出安打不可或缺的條件是什麼呢？當然就是「在打擊區上揮棒」。若能落實這種簡單的邏輯思考，便能培育出充滿潛力的打者。

仁志流 指導祕訣

棒 球比賽需要團隊中的所有人都想著「求勝」這件事。所以，可以試著稍微以此為目的，在比賽中指揮選手。屆時一定也有機會用到短打。不過短打只可以點到為止。基本上仍應以一般的打擊方式為主。

了解各個守備位置的任務

青少年世代
應盡量體驗不同守備位置

　　棒球的守備有許多不同的位置。職業棒球的正式選手，大致上都會有固定的守備位置，並被要求完成該守位的任務。不過，球隊也常常會調換選手負責的位置，萬一被換到不擅長的守位，就算是職業選手也會突然開始不知所措。

　　每個守位都需要不同的身體能力和個性。理想的情況，當然是希望指導者能完全掌握每個選手的能力，然後適才適所地分配位置；但少棒球隊由於備選名單較少等問題，較難做到這種程度。

　　既然如此，盡可能地讓選手體驗不同的守位，或許是比較好的作法。

　　因為連職業球員都會無法馬上適應新的守位，故若能提早讓選手理解各個位置的任務，這些經驗在未來將會成為莫大的資產。當同隊的野手在比賽中碰到無法獨自應付的狀況，或是姿勢很難好好傳球時，如果能理解那些守位的任務，就能幫助隊友。

　　像這樣彼此幫助、互相理解，克服比賽中的種種難關，正是棒球比賽的醍醐味。所謂棒球的守備，就是用全體的行動、大家的力量，共同用一顆球讓對手出局。

各個守備位置的特性和任務

1　投手

投手的工作就是投出許多強勁的球。擅長、喜愛投球是擔任投手的重要條件，同時還要有絕不認輸的堅強意志。除了投球外，協助守備一壘、三壘的壘包和本壘補位也是投手的工作之一。

2　捕手

捕手是球隊中唯一一個跟其他人面對不同方向的職位。必須擁有觀察全隊、冷靜進行判斷的能力。強健的肩膀和身體當然也是必要條件。除了接住投手投出的球、並將球傳向各個壘包外，也要幫忙補位一壘。

3　一壘手

一壘是各野手傳球最頻繁的位置。因此一壘手最重要的就是接球能力。此外，由於有時可能會因失誤而將球誤傳至一壘方向，故必須隨時做好補防的心理準備。因為守備上的動作較少，所以可以讓擅長打擊的人擔任。

4　二壘手

二壘手和游擊手堪稱內野防線的樞紐。常與其他野手合力守備、轉傳其他隊友的球，是任務種類相當多元的守位，因此需要能預測各種情況並加以實行的頭腦。此外還要接球後傳往反方向的特殊技巧。適合全能型的球員擔任。

5　三壘手

三壘常面對右打者擊出的強勁擊球，需要有勇於撲接的積極心態。此外，由於時常需要接球後長傳至一壘，故強而有力的肩膀也十分重要。大多時候都駐守在三壘壘包上，不太需要到處移動，所以也會要求球員在打擊上有所貢獻。

6　游擊手

游擊手負責攔截飛到內外野交界處的球。需要能支援廣大守備範圍的穩定下盤肌力，以及從內外野交界處把球傳出去的強健臂力。游擊手應常保自信，用華麗的守備技巧帶動隊伍的氣氛。跟二壘手一樣，是團隊合作與接、傳球的中心。

7　左外野手

負責防守右打者打向外野的球。在右打者居多的少棒比賽中，屬於守備機會較多的職位，需要有能接高飛球的能力。除了要協助中外野和內野的補位之外，也會要求球員在打擊上有所貢獻。

8　中外野手

中外野手負責防守位置最深的飛球。由於需要頻繁來往左右外野和傳球，故同時需要強健的雙腳和肩膀。因為處於外野的中心位置，最能看清楚球的路徑，故必須負責對左右外野手下達指示。

9　右外野手

攻擊方企圖進壘時最常把球打到這個位置，故往三壘方向傳球的能力是關鍵。如果肩部肌力夠強，就有機會阻止對手自由進壘。在少棒階段，由於對手可能會擊出右外野滾地球，故右外野手的職責更顯重要。

打擊順序可顯現攻擊思維

思考所有選手
都能「揮棒」的打擊順序

不久之前，連職業棒球界都十分流行在無人出局時，用犧牲觸擊將跑者推進壘包的打法。然而，根據近年累積的研究資料顯示，使用犧牲觸擊的得分率其實沒有想像中那麼高。

因此，愈來愈多隊伍會把強打者配置在原本最適合執行犧牲短打的第二棒。

業餘隊伍由於可供選擇的選手不像職棒那麼多，所以打順的安排也是一項難題。每一棒都能排上強打者的話，當然再好不過。但這是不可能的事。

在選擇不多的情況下，通常會將主力打者配置在第三、第一棒。但問題是第二棒到底需要什麼類型的打者。如果打算以強攻取勝，那麼應該要選擇被雙殺機率較低的左打者吧？如果想採取犧牲短打，就要安排適合該戰術的打者。

但是，青少年世代最重要是讓他們體會打棒球的樂趣。唯有讓選手站上打擊區揮棒，才能領會棒球的樂趣。若只是採用犧牲短打的戰術，等於剝奪了選手的未來。

在這層意義上，指導者應盡力思考讓每位選手都能「揮棒」的打擊順序。

重點

一般的打序配置方法

第一棒	讓第一棒上壘，然後讓第三棒送回本壘是最基本的做法。因此第一棒需要有較好的進壘能力，應配置隊上打擊能力數一數二的選手。同時，如果第一棒的腳程有機會在上壘後盜壘，便可在第二棒配置打擊能延續攻勢的選手。
第二棒	如果在第二棒配置左打者，就能降低擊球後被雙殺的機率。若與第一棒搭配得宜，還能讓選手感受到利用盜壘或打跑戰術瞬間掌握比賽主導權的趣味。
第三棒	第三棒負責在第一、二棒上壘後，將他們送回本壘。所以通常會由隊上數一數二的強打者負責。如果擁有長打能力，就算前面的棒次沒有成功上壘，也可以利用適時的一擊製造分機會。
第四棒	第四棒的任務是將第三棒打擊時尚未成功得分的跑者送回本壘，因此最需要能將一壘跑者一次送回家的長打能力。職業棒球中經常由擁有左右賽局能力的重砲打者擔當。可說是決定隊伍得分能力的重要打序。
第五棒	由於第一次進攻時不一定會輪到第五棒，所以應與第四棒一起考慮人選。在職業棒球中，第五棒的任務是在第四棒被四壞保送時繼續將跑者送回本壘。適合配置準第四棒、未來有潛力擔任第四棒的選手。
第六棒	跟第五棒一樣，第一次進攻時上場機率較低，所以不需要配置最優秀的打者。然而，由於優秀打者上壘的機率較高，故本棒若配置具長打能力的選手，就能創造更加出色的打線。
第七棒	後面幾棒不太需要考慮配置隊上打擊能力前幾名的打者，應根據自己隊伍的特性靈活地考慮人選。可以安排較擅長守備的選手或經驗尚淺的選手。
第八棒	比起打擊能力，更常配置因守備能力而被選入球隊的選手。職業棒球中經常由守備樞紐的捕手擔當。反過來說，負責進攻的選手最好安排在別的打序。
第九棒	雖然在職業棒球中常常由投手擔任，但在業餘棒球中，投手通常也是攻擊的主力之一，因此應納入第一棒之後的打序一同考慮。如果腳程快的話，更可利用盜壘等戰術配合主力打線的安打一口氣得分。

隊伍整體的隊型與攻擊戰術

認識客觀的理論，
更深入理解棒球

　　棒球比賽中，隊伍會根據出局數、跑者的位置和比賽的局勢，採用不同的隊型或攻擊戰術。雖說棒球是種只要不違反規則，要如何防守、如何進攻都無所謂的運動。但為了追求最有效率的打法，還是有一定的理論。

　　而理解、親身驗證這些理論，對於了解棒球的本質是非常重要的。「因為對方的目的是那樣，所以我方應這樣行動」，一旦能夠這樣思考，就能打出有深度的棒球比賽。而跟隊友同心協力、一起行動、邁向成功的那種感動，將是一輩子無可取代的寶物。

　　當然，想要成功施行這些戰術，球員也要有很高的潛力。這不只對小學低年級選手來說難度很高，對高年級選手而言也有許多無法克服的難關。

　　但是，只要擁有知識，就會有球員產生「好像很有趣，真想試試看」的想法。即使指導者說「很難辦到」，他們還是會想實踐看看。不是因為看到指示才覺得「這種時候必須打出滾地球才行」，而是自己產生「這種時候打出滾地球應該會很有意思」的想法。若能保持這種主動和好奇心，選手便能快速地進步。

隊型、攻擊戰術範例

1　一、三壘有人時的雙殺陣型

對手攻擊、一人出局時,藉由連續封殺跑者防止失分的戰術。讓游擊手和二壘手同時向二壘集中,球一飛來便能立刻封殺跑者、製造雙殺,也能回傳本壘防止得分的陣型。

2　牽制二壘跑者的戰術

牽制二壘跑者的戰術就是讓二壘手或游擊手其中一人守住壘包。反過來說,無論哪一方留在壘上都沒關係。然後藉由兩名野手和投手的合作,可以使用好幾種假動作牽制壘上的跑者。

3　短打的進階應用

本書之後雖然也會簡單介紹基本針對短打的戰術,但除此之外還有像是給對手施加更多壓力,迫使對方短打後再刺殺跑者的進階戰術等。但由於陣形十分極端,所以風險會比較高。

4　跑帶打戰術

打帶跑(hit and run)戰術是根據休息區的暗號施行的戰術,但跑帶打(run and hit)卻是依靠瞬間判斷的戰術。也就是打者在看到跑者盜壘瞬間便揮棒打擊的戰術。一旦野手為了阻止跑者盜壘而採取行動,就會有更大的範圍能出現安打,打成穿越內野滾地安打的機率也會提高,是很有趣的戰術。

5　假點真打

讓對手以為我方準備短打並擺出針對短打的陣型,藉此擴大安打的範圍,是十分有魅力的戰術。如果還能把球打到無人防守的區域就太棒了。除此之外還有更富攻擊性的假點帶跑戰術。

6　二壘有跑者的進壘打

按照傳統的認知,一旦球滾到二壘跑者的左側(球場的右邊),(由於傳球距離較長等原因)跑者就可以往三壘推進。因此,一出局以下的情況,打者通常會把球打向右邊。而守備方也會以此為前提移動陣型,算是棒球的基本常識。

7　三壘有跑者時的攻擊戰術

當我方無人出局時,除了安打之外,還可考慮擊出外野高飛球、趁球回傳時回本壘得分。一出局的情況也一樣,但要是該打者出局的話,得分的可能性就會降低。因此,這時大多會採取攻擊戰術。強迫取分自不用說,除此之外還有三壘跑者看到滾地球就跑的「goro-go」(指看到滾地球就衝)戰術;以及在打者揮棒的瞬間同時起跑等方式。守備方也會利用趨前防守來捍衛本壘,常常可看到攻守間激烈的有趣場面。

指導少棒選手時的注意事項

**有些舊名詞
現在已經不使用了**

　　很多用來解釋棒球的名詞，都是以前流傳下來的。然而，其中有些詞彙在現代的意思跟以前不一樣，更容易產生誤解，必須多加留意。

　　當初之所以會創造那些說法，是因為找不到其他的詞彙，無可奈何下才這麼用的。但是，如果用在現代的選手身上，不只會招來誤解，從近年醫學發展的角度來看更是危險。

　　棒球相關的科學和醫學知識，其實是在這十幾年間才發展起來的。雖然實際上仍有許多我們不了解的部分，但這方面的知識已有長足的進展。而身為一名指導者，則應該盡可能地吸收那些知識，並加以活用來培育選手。

　　尤其是本書主題的小學高年級階段，正是小孩子剛開始發育成大人的時期。自主和競爭心開始萌芽，更可能會依照受到的刺激程度而大幅成長。比起下達指示讓選手實行，讓他們自己挑戰不僅更有意思，也更容易學到東西。

　　所謂的指導者，應該要有豐富的表達能力和字彙量，並懂得用選手易於了解的方式說明，幫助其成長。所以請各位也充實自己的口語能力，尋找適合每位選手的詞彙吧。

棒球指導時需要留意的詞彙

1

「從上往下揮棒」

這種說法，出自揮棒時「由下往上揮容易打出高飛球，從上往下揮則能打出滾地球」這種直覺式的聯想。但實際上由下往上打可以打出滾地球，由上往下打也可能打出高飛球。而現實的揮棒軌跡中，命中率最高的是水平（正確地說是稍微由下往上）的打法。然而，若是刻意用那種方式揮棒，打出來的球反而會偏離預期，變成偏高的飛球。因此，應該用補充修正的方式，改用「球棒稍微由上往下打的感覺」這種說法。

2

「扭腰」、「讓腰往下沉」

在日本很多棒球用語都受到相撲的影響，本例就是其中之一。「腰」在相撲中只是一種概念，所以沒什麼問題；但如果是沒看過相撲的孩子，就不能用這種說法。本書130頁也會提到，腰的結構其實並不能旋轉。所以實際上旋轉的並不是腰，而是骨盆才對。至於「讓腰往下沉」就是用蹲式馬桶上廁所的那種姿勢。但守備其實不會用到這姿勢，所以還是用別的形容詞比較好。

3

「從上往下投」

這種說法常常用來糾正投球時手會往下垂的選手。然而，投球動作中手舉至最高的時刻，乃是球離手的瞬間。所以，無論拉回時把手舉得再高，都不可能從上往下投。只會變成把球往地上砸吧。就算要選手做出違反實際投球原理的動作，選手也不可能做到。請好好理解各種動作的原理後，改用別的詞彙說明吧。

4

「抬高手肘」

這句話常用來說明投球那隻手的動作。近年來，棒球選手的手肘受傷是全世界棒球界共通的課題。手肘的關節十分脆弱，所以應盡可能避免讓手肘承受太大的負擔。然而，一旦太過注意手肘，選手便很容易用手肘施力。而在肌肉緊繃的狀態下投球，自然會給肌肉和肌腱造成不小的負擔。不只是手肘，手腕和手指也有同樣的問題，所以指導者應盡量避免要求選手注意手肘以下的動作。

5

「用兩手接球」

這句話常用來糾正那種偷懶、不跑動，只伸出手套去接球的球員。但是，在兩隻手同時伸出的狀態下，是沒辦法跑動的。如果兩隻手都伸出去，腳也會跟著停下來。所以這種說法並不自然。用「基本上應該用一隻手接球，另一隻手在旁輔助，隨時準備好傳球」這種說法就行了。而若是球員懶得跑動，只要要求他們讓腳動起來就可以了。

COLUMN 2 棒球是沉默的運動？

愈常開口
就愈容易進步

你在打棒球時會喊出聲音嗎？被問到這個問題，會回答「是」的選手應該不少吧。但是，這裡所說的出聲，並不是什麼「放馬過來」或「嘿喲嘿喲」等完全搞不懂在喊什麼的精神口號。

在足球等戶外運動中，經常會把走位或戰術大聲喊出來。教練也會用明顯的肢體動作和言語對場上的球員下達指示。

但是棒球卻不一樣。教練只會一語不發地打暗號，野手也只會從頭到尾喊些固定的「精神口號」。

這樣子實在太浪費了。其實只要仔細尋找，就能發現許多可以開口的場合。

進入球場時，通常會先觀察球場的狀態。如果是足球選手的話，這種時候就會告訴隊友「這場地可能不好傳球」。棒球也一樣。可以彼此叮嚀「滾地球的路徑會不太規律喔」、「球會飛得比較快喔」、「今天有風，要小心高飛球喔」等事項。甚至不僅是周圍的環境，也能用「剛剛那球傳得還可以嗎？」等方式，確認隊友之間的默契。

像這樣多多開口說話，不僅可以增進隊伍整體和個人想要變強的上進心，團隊成員的溝通也會更加活絡。所以請鼓勵選手，慢慢養成勇於發言的習慣吧。

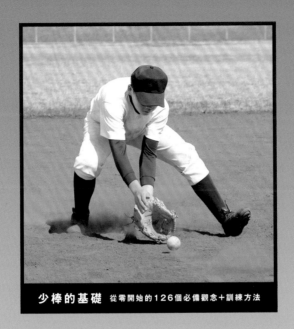

少棒的基礎 從零開始的126個必備觀念＋訓練方法

第3章

接球

Catching

棒球的守備就是接球、傳球，拿到出局數。
換句話說，如果接不到球一切都沒有意義。
本章就讓我們一起來思考
可以提升接球技術的練習方法吧。

接滾地球

用腳步計算時機

1 判斷來球　　**2** 腳步配合球的移動　　**3** 踏出右腳，擺出接球姿勢

步法是守備的基礎

　　高年級的守備目標是「接住球後拿下出局數」。因此，像低年級那樣光會接球是不夠的。

　　那麼，究竟該怎麼做才能拿下出局數呢？答案就是在壘上跑者（或打擊者）到達壘包前，先一步接到球傳回壘包。為此，無論接球還是傳球，都必須快速流暢地進行。

　　而在接球時，如果只是等待球飛向自己，會浪費太多時間。所以守備員必須主動跑向球，儘快接住球才行。

　　而傳球的階段，則必須用最快的速度擺出傳球的姿勢，把球傳出去。

　　同時，這兩者還必須流暢地一氣呵成。照這麼想來，所謂的守備，其實是接球至傳球的一系列動作；而其根本則是下半身的移動，也就是所謂的步法。

移動重心轉為
傳球姿勢

4 重心一邊由右向左
移動，一邊接球

5 重心轉向左腳，轉為
傳球姿勢

6 踏穩左腳，在下次
踏出時傳球

光把重點放在接球上，
可能會使選手忘了移動

　　然而，實際指導球員時，很容易把接球
和傳球分成兩個動作。

　　光是接球的方法，就有「用兩手接
球」、「讓腰往下沉」、「手套要從球的
下方接起」等各種說法，太過關注守備動作
的各個環節。結果，選手們為了落實這些細
節，不得不一一檢查每個動作。某些情況

下，有的選手甚至會像一壘手接住傳來的球
那樣，為了接球而停止全身動作。

　　守備是一系列的連續動作。重點在於腳
步的移動。請各位指導球員時務必注意這
點。

基本技術 單手反手接球

反手接球的話，只要轉個身就能傳球

6 左腳再踏出一步就能轉為傳球動作

5 反手接球可以更快傳球

4 也可以用右腳在前的狀態接球

可快速傳球的
單手反手接球法

由於日本國內十分重視「用兩手接球」，因此不太鼓勵用單手反手接球法。

然而這在美國職棒大聯盟等職業聯盟中，卻是非常重要的技術，甚至有的選手就連能正面接住的球，都刻意用反手接球。

箇中原因就是因為這種接球法可以更快轉為傳球姿勢。用身體的正面接球時，重心會從右腳移向左腳，但從這個動作轉為傳球姿勢時，必須先把重心放在左腳上，以左腳為軸送出右腳，接著再以右腳由軸踏出左腳，才能把球傳出去。也就是必須踏出兩步。

相對地，用單手反手接球時，如果接球時右腳在前的話，只要轉個身立刻就能轉換為傳球動作。即便如上圖以左腳在前的狀態接住球，也只要再踏一次左腳就能進入傳球動作。

用腳步計算時機

3 腳步移動的同時伸出手套　　**2** 腳步配合球的移動　　**1** 用眼睛判斷來球

　　如果肩膀夠力，兩種接球法的差距甚至大到能讓安全上壘變成出局。由此可見這其實是一種相當有效率且受世界棒球界重視的技巧，我認為未來也會成為日本的主流。

從少棒時期就開始練習

　　諸如此類的技巧，並不是年紀增長後就能突然領會的。必須從少棒階段便開始學習。

　　不過若想跟美國職棒大聯盟的選手一樣，用單手反手接球後立即轉身傳球，以小學生的身體能力是辦不到的。應該像練習正面接球的時候一樣，配合選手的身體能力，一步一步地練習。

指南 027	往球的方向 跨一步再接球	👤 人數：2人
		🕐 時間：5分鐘左右
		🖐 次數：—

目的	因為「用正面接球」這種說法不易明白。 所以透過練習讓選手理解如何「在身體正面接球」。

1

▌讓對方送球

2

▌往球的方向跨一步後接球

順序

① 在傳接球時練習

② 無論球是從身體正面還是從側面飛來，都一定要跨出一步後再接

③ 接住球後檢查身體是否面朝球的來向

仁志流
指導祕訣

「正面」這個詞很容易讓人誤以為要正面對著投球者。所以重點是讓球員理解正面其實是指自己和球的相對關係。如果能做出這個動作就沒問題了。

指導者 MEMO	往前跨一步，身體便會自然面向來球。這就是「用身體正面接球」的意思。如此一來，應該就能避免選手用不確實的方式接球。

指南 028	理解傳球時 換手持球的動作	👤 人數：2人
		🕐 時間：5分鐘左右
		✋ 次數：—

目的 接到球後，在傳球之前必須先把球換用另一隻手握。
透過本練習讓選手理解配合腳步換手持球的感覺吧。

1 往前跨一步接球

2 一邊換手持球，一邊讓右腳稍後退後傳球

順序

① 在傳接球時練習

② 往前跨一步接球，然後進入傳球的步法

③ 確認自然換手持球的感覺

仁志流
指導秘訣

鉅 細靡遺地指導換手動作是很危險的。一旦具體點出該怎麼做，選手為了依循指示，動作反而會變得不流暢，也會養成不良習慣。所以要讓選手利用腳步的移動來理解接傳的動作。

指導者
MEMO

如果指定球具在「身體前方」或「肩膀附近」換手持球，會讓他們養成硬要提起手套的習慣。若發現選手傳球時會做出不自然的動作，可能就是這個原因造成的。

指南 029 理解為何要退步側身

👤 人數：2人	
🕐 時間：5分鐘左右	
✌️ 次數：—	

目的 更進一步理解換手持球的原理。
同時明白運用步法轉為側身的重要性。

▎接球的時候往前跨步

▎兩手呈一前一後

▎一邊讓右腳稍往後退，一邊換手

▎左腳向前一步，做出傳球動作

順序

① 傳接球時注意腳步

② 理解手腳動作是連動的

③ 讓球員刻意兩腳平行接球，比較差異，就會理解那麼做手部反而不易活動

仁志流
指導祕訣

所 有運動都是一腳在前、一腳在後，用側身移動的。因為手的動作會跟隨換腳的動作。要是兩腳平行的話，會變得不便移動。

指導者 MEMO 由於「兩腳平行」、「運用雙手」這類左右同時移動的動作缺少前後間距，所以會導致動作停滯。這也是不建議讓選手用「兩手接球」的原因之一。

指南 030	單手接球		人數：2人
			時間：5分鐘左右
			次數：—

目的	單手接球是接球的基本功。 同時也能練習操作棒球手套。

1
只用戴手套的手練習接短彈跳球

順序

① 兩腳左右平行站立，將沒有戴手套的那隻手放在背後
② 請搭檔站在5m外丟出短彈跳球，讓練習者去接
③ 接著也用同樣的方式練習接近身彈跳球

用 兩手接球的話，容易讓兩隻手都不自覺地追著球跑，無法快速地處理來球。而本練習便是讓選手習慣只用單手接球。練習時須留意頭部不能跟著轉動。

2
接著也練習接近身彈跳球。同時亦可積極地用反手接球

指導者 MEMO

半蹲時如果臉部沒有與地面垂直，反而低頭往下看的話，手腳就會變得不太靈活。這是與身體柔軟度有關的問題，必須利用體能訓練來克服。

指南 031 用手套接傳

👤 人數：2人
🕐 時間：5分鐘左右
✋ 次數：—

目的 比賽中有時會遇到不得不直接用手套傳球的情況。
藉由這項練習，讓選手熟悉棒球手套的特性吧。

| 接住用手套傳出來的球

順序

① 練習雙方相隔2m左右，面對面站好
② 雙方輪流用手套接傳
③ 訣竅在於接球並用手套吸收球的動能

仁志流 指導秘訣

想 要利用手套傳接球，就必須讓球掉入手套容易拋出的位置。如果球掉入手套深處，就只能用推的才能拿出來，沒辦法傳球；但若用前端的球擋去接，便能輕鬆傳球。

| 接住後即拋出回傳

指導者 MEMO 一般接球時，都是用球擋深處去接球，但除此之外也有本節介紹的這種特殊接球法。必須戴著棒球手套進行各種練習，才能記住這種感覺。

指南 032 單手接飛球

人數：2人～
時間：一
次數：5球左右

目的 讓球員學會用單手接飛球，並明白其中的理由。

OK

踏出一隻腳，轉側身接球後迅速傳球

NG

如果用兩隻手接，雙腳也會不自覺停下來

順序

① 可以在傳接球時把球丟高，也可以實際用球棒打擊來練習
② 接飛球時要轉成側身。因為這麼做比較容易向前後左右移動
③ 接到球後立即傳球

仁志流
指導秘訣

用兩手接球的話，雙腳很容易跟著停下來。這樣一來就沒辦法跟著球前後左右移動。此外，也要明白這樣接到球後會比較難傳球。

指導者 MEMO

跟用雙手接球相比，單手接球時手套可以顧及的範圍較大。因為比賽時需要能達到最大效益，所以平常練習時就必須練習使用單手接飛球。

指南 033 用滾球學習下半身的動作

目的 藉由動作練習，協助球員理解接球時如何正確地運用髖關節。

1 身體半蹲，把放在地上的球從腳邊滾到另一隻腳邊

順序

① 身體半蹲，用手掌滾動地上的球

② 由於也是一種體能要素的訓練，所以要左右手均衡練習

仁志流 指導秘訣

由於本練習算是體能訓練的一種，下半身的負荷很大，所以可以使球員從中理解髖關節的運動方式。除了戴手套的手外，另一隻手也要練習看看。

2 不只接球的手，另一隻手也進行同樣的練習

指導者 MEMO 接滾地球的時候一定會壓低身體的重心。跟日常生活中的動作比起來，這種姿勢肯定難受得多，因此才要藉由練習親身體驗，增進理解。

<table>
<tr><td>指南
034</td><td>**對來球快速
做出反應的技術**</td></tr>
</table>

人數：2人以上

時間：15～30分鐘

次數：—

| 目的 | 學習即時掌握來球的技術。 |

1

在打者揮棒的同時用腳頓地

2

無論擊出什麼樣的球都能在第一時間反應

順序

① 以自由打擊時擊出的球進行守備練習

② 使用滑移（shuffle），也就是一種輕輕搖擺身體（也有人用小跳躍）的技巧

③ 在打擊者擊球的瞬間用腳頓地，便能快速起步

仁志流
指導秘訣

守 備時不能傻傻站在原地，要讓身體不停移動，好迅速踏出第一步。這種技巧名為滑移，跑者離壘時也會使用到。

| 指導者
MEMO | 從靜止的狀態開始移動需要花較多的時間和力氣。相反地，如果原本就處於動的狀態便能迅速移動。所以要讓身體保持活動，才能在打擊者擊球瞬間立刻進入能自由移動的狀態。 |

COLUMN ③ 提點選手的方法

讓選手自己說明狀況
才能有所進步

少棒的基礎 從零開始的126個必備觀念＋訓練方法　第3章 接球

　　棒球比賽時會發生各式各樣的狀況。當中也不乏許多看在指導者眼裡，會不禁納悶「為什麼會這樣？」的失誤。然而，愈是這種時候，您應該先聽聽選手本人的心聲。

　　選手有時會老實說出真話，有時會說謊隱瞞。儘管指導者通常都看得出來，但這時可以不必直接告訴他們「別騙我」。

　　讓選手自己解釋狀況，他們也會漸漸理解究竟發生什麼事。而若他們能夠理解，那就已經足夠了。可是，如果選手沒能理解，就會在心中留下「失敗了」的陰影。這樣是無法進步的。

　　除了讓選手自己理解情況，指導者也要思考這次的失誤是因為球員判斷錯誤，還是因為技術不足所致。然後再依據其原因，研究如何幫助選手改善。如果是因為判斷錯誤，就要教導球員判斷的標準；如果是技術不足，就要尋找能解決該問題的訓練方法。

　　身為指導者，很容易直接指出自己眼中所見的錯誤。但直接把答案告訴選手的話，選手是不會進步的。

　　發現問題、尋找解決方案、得到答案的過程，不是只有在數學練習時才顯得重要。不被眼前的事物阻礙，著眼於更深遠的地方並加以改進，這才是指導者的工作。

少棒的基礎 從零開始的126個必備觀念＋訓練方法

第4章

接傳

Throwing

雖然專注於練習傳球也很好，
但比賽中一定是先接球才能傳球。
因此，本章將探討如何透過訓練
提升接傳球的技術。

基本技術 | 接傳滾地球

1 判斷來球路徑　　**2** 重心從右腳移向左腳，準備接球　　**3** 接球時重心繼續往左移

不是只偏重練習接球或傳球

前一章我們也說過了，大部分的情況下，接球都是為了在之後傳球刺殺跑者（或打擊者）。

因此，接球和傳球是密不可分的，必須思考如何行動才能讓動作流暢地連貫。

換言之，接球的動作必須融入傳球的動作；而傳球的動作也必須從接球的階段就開始了。

然而，選手很容易只注意「傳球」而忽略了接球的部分。因為接球跟傳球都是用手，所以注意力很容易只著重在其中一個部分。

要是只告訴球員「傳準一點」，注意力就會偏重在傳球上；但若告訴球員「好好把球接穩後再傳」，注意力又會集中到接球上。無論何者都是不平衡的。

重心下移

4 用左腳支撐身體，準備墊步傳球

5 左腳踏穩，右腳縮回

6 踏出的左腳成墊步

注意力集中在腳上，指導會更有效

因此，注意力不應放在手上，而是放在腳上。前面也已經強調過很多次，接球的時候，腳的動作才是最重要的。

實際接球時，接球的瞬間是在右腳（慣用手為右手的情況）踩穩、左腳著地的前後；然而要是告訴選手「在踏出左腳的時候接球」的話，選手的動作反而會有微妙的落差。

實際上，應該是在重心從右腳移向左腳的時候接球才對。

如果把注意力放在腳的動作上，選手就不會硬去調整手腕，使整體動作變得自然。不會只特別留意接球或傳球，可以自然地將兩個動作連貫起來。

比起說明「腳這麼動、手那麼做」，不如把注意力集中於指導選手的腳步，反而會進步得更快。

1 快傳法
短距離快速傳球的技巧

2 行進間傳球
在向前奔跑的狀態下傳球的技術

一般的傳球法
有時可能會回傳不及

　　比賽中可能會遇到各種不同的狀況。可能會有用一般的方式接球、用一般的方式傳球來不及，或是必須朝一壘以外的方向快速傳球的時候。

　　此外，還可能有傳球距離太近，用上肩傳球的話力道太強，會給接球者造成恐懼感等狀況。

　　為了應對上述等情況，野手必須懂得配合不同距離、方向、時機，使用不同的傳球方法。

　　這些傳球方法，無論是腳步的移動還是手臂的揮動方式皆與一般的傳球方法不同。所以，如果沒有實際練過，正式上場時是不可能做出這些反應的。必須透過平時的訓練一點一點地累積練習，以備不時之需。

3 轉身跳傳
接到球後改變方向傳球

4 軸足傳球法
從比快傳法更不易傳球的狀態下將球回傳的技術

先不求強度，只求了解身體動作

　　然而，要用這些方法傳球，還需要一定程度的身體能力和技巧。例如轉身跳傳等，就需要在空中停留一定時間才能完成傳球動作。此外，這些動作十分依賴肩膀的力量，所以絕對不可以勉強。

　　然而，對小學高年級的選手而言，此時正是他們可以快速學會各種動作的黃金時期。這點在足球界也是相同的。這個時期不需要求強度，而是以體驗、學習各種技術為優先。

　　棒球也適用類似的道理，在練習軸足傳球法和轉身跳傳時，不需要求選手能把球傳得多遠，而是先讓選手記住傳球時的身體動作。

　　先不管能不能馬上在比賽時使用，勤加練習的話，這些技術未來一定會派上用場。

113

指南 035
默數「一、二、三」後接到球再傳

人數：2人

時間：15分鐘左右

次數：—

目的　理解一般傳球的節奏。
可和後面介紹之特殊傳球做比較。

1 朝來球踏出右腳

2 接住來球

3 傳球

4 順著這種節奏運動

順序

① 在練習傳接球或接飛球時確認動作

② 剛開始練習時放慢傳球速度，會比較容易理解動作

仁志流
指導祕訣

教　導球員「默數一、二、三後再傳球」。但二和三之間不能再插入任何口號，否則就會產生奇怪的停頓，破壞動作的流暢度。

指導者 MEMO　舞蹈和格鬥技在練習步伐移動時，常會一邊喊出「一、二」或「答、答──」來練習。棒球守備靠的其實也是腳下功夫，所以也能運用同樣的練習方式。

指南 036 跨出去的腳 應落在軸心腳的足幅內

👤 人數：1人

🕐 時間：5分鐘左右

✋ 次數：—

目的 讓選手記住傳球時踏出去那隻腳，腳尖應朝向傳球的方向。

1 自由腳踏出去時，應注意與軸心腳的相對位置

位在軸心腳足幅內就OK

軸心腳足幅

2 落在軸心腳足幅內即可

順序

① 在鏡子前練習或在傳接球時練習皆可
② 檢查自由腳踏出去時的落點

仁志流 指導秘訣

自由腳踏出去時，腳尖若沒有朝向傳球方向，會比較難控制球的路徑。不過由於每個人適合傳球的位置都不同，所以只要抓個大概就行了。

指導者 MEMO

如果腳步隨便亂踩，變成開放式或封閉式站姿，傳球的方向就會產生偏移，不得不用手腕控制球路。所以一定要讓選手理解步法的重要性。

指南 037 依距離改變傳球方式

👤 人數：2人
🕐 時間：5分鐘左右
✌ 次數：—

目的　內野手常常要傳出各種不同距離的球。
所以必須能依照距離改變傳球方法。

從三壘傳向一壘

1 把球從三壘傳往一壘

2 手臂轉動幅度較大

從二壘傳向一壘

1 把球從二壘傳往一壘

2 手臂從肩側轉出

順序

① 在接飛球或傳接球時有意識地練習
② 用傳接球練習的時候記得要不停改變距離

仁志流
指導秘訣

內　野手如果只會一種傳球方式，是無法正確傳球的。尤其是一定要學會短距離的傳球法。短傳時手臂必須微微拉回，然後從肩側投出。

指導者 MEMO　短傳時如果使用上肩傳球法，會讓接球的人產生恐懼感，造成失誤。用對方容易接到的方式傳球，以野手來說是非常重要的能力。

		人數：3人
指南 **038**	# 快傳時 要先默數「一、二」	時間：—
		次數：5球左右

目的	快傳是短距離快速傳球的必要技巧。 可用「一、二」的節奏讓選手抓住快傳的感覺。

1 接住來球。接球時機較微妙

2 順勢將重心放到右腳

順序

① 在接飛球守備練習時進行

② 在傳球目標附近不遠處接球

③ 迅速快傳

仁志流
指導祕訣

3 肩膀微微拉回

4 水平揮動手臂將球傳出

數「一」的時候肩膀拉回，「二」的時候把球傳出去。要是太過在意「snap」而使用手腕的力量（快傳英文為snap throw。但「snap」在日文中另有用手腕力量擊球或投球的意思，為和製英文），反而會傳不好。應用快速水平揮動手臂的感覺傳球。

指導者 MEMO	快傳的節奏跟一般傳球方式不一樣，無法朝傳球方向踏步後再傳出。所以不事先練習的話，就無法在比賽中這樣傳球。要讓選手們在平常練習時就一點一點地累積經驗。

指南 039

用大動作傳球伸展身體

👤 人數：2人	
🕐 時間：—	
✋ 次數：5球左右	

目的 用跟投手一樣的大動作傳球，也有伸展身體的效果。

1 起始動作時確實把腳抬高

2 跨步距離也刻意拉大

仁志流 指導祕訣

在 暖身或收操的時候，可以用大動作傳球代替伸展操。這種傳球方式可以活絡身體的各個部位。

3 不疾不徐，用大動作傳球

4 放球後的甩臂動作也放大

指導者 MEMO 以把球傳到最遠處為目的的長傳，實際上是對肩膀負擔很大的動作。就連成人一天也只能練習傳個幾球，所以對小學生來說並不適合。

指南 040	**用牆壁練習換手持球**	👤 人數：1人
		🕐 時間：15分鐘左右
		🖐 次數：一

目的 需要不斷重複練習才能記住的技巧，可以利用牆壁練習。
例如接到球後換手持球等動作，就能用這種方法訓練。

1

▍對牆壁丟球

順序

① 對牆壁重複丟球、接球
② 由於一個人就能反覆練習，故可以專心學習或檢視各種動作

仁志流
指導秘訣

棒 球也有很多只要重複練習就能學會的技術。換手持球最適合利用牆壁練習。只要多練幾次，不知不覺便能自然地把球快速換到另一隻手。

2

▍用手套接住反彈回來的球，然後迅速用另一隻手持球

指導者
MEMO

曾經有位美國職棒大聯盟的工作者被問到「如何才能讓自己的孩子進入大聯盟」時，回答了「只要在院子裡砌面牆就行了」。可見對牆練習是提升棒球技術的良方。

指南 041	一邊轉移重心 一邊接球	人數：2人
		時間：15分鐘左右
		次數：—

目的	本項訓練可教導選手掌握接球的時機。 指導時有些部分可能會造成誤解，務必留意。

1 左腳跨出，即將著地前一刻

順序

① 在守備練習時有意識地練習

② 在移動中接球的感覺十分重要。注意不要為了接球而停止不動

仁志流
指導秘訣

隨 便用言語指定選手接球的時機，很容易造成選手的誤解。應該讓選手知道在重心由右向左移動的「某一刻」接球就行了。

2 一邊把重心移至左腳一邊接球

指導者 MEMO	如果太過執著在錄影的定格畫面或是高速攝影的照片上，反而會忽略整體的動作。請記得無論瞬間的姿勢是好是壞，都只是一連串動作中的一部分而已。

使用「在踏出左腳時接球」這種瞬間動作的描述，反而會讓選手誤會

接到球的瞬間左腳的確在前面

　　左圖是省略前後部分、只留下接球瞬間的照片。由於左腳的確在前面，所以指導者很容易因此要求選手「在踏出左腳時接球」。然而，實際上這麼做的話，會變成左腳跟接球的手同時伸出，做起來很不自然。有時反而會導致選手在接球時動作不流暢。

尋找不會令選手誤解的說明方式

　　因此指導者必須思考不會造成誤解的說明方式。例如「在左腳踏出去的過程中接球」就很適合。可以讓選手理解，接球的時機是在重心從右腳移向左腳的動作之間。

進階練習範例

比賽中也有可能有被打亂節奏的時候

　　有時因為球速較快等原因，身體可能還來不及擺好動作，球就已經來到面前。但如果記得「讓身體保持在移動狀態」，爭取反應的時間，即使遇到這種狀況時也能不慌不忙地修正自己的步伐。

指南
042

記住跨步的時機

👤 人數：2～3人

🕐 時間：5分鐘左右

🖐 次數：—

目的

接球的時機必須與傳球的步驟一起記憶。
練習時一定從接球練到傳球。

順序

① 由餵球者傳球給練習者

② 練習者接球後，再傳給餵球者。沒有接球者的時候就用球網代替

③ 普通傳球練完後改練一個彈跳的滾地球；然後再接著練低一點的彈跳球（滾地球）

■ 朝球的來向跨出左腳

■ 一邊將重心移往左腳一邊接球

仁志流
指導祕訣

本項是以「跨步」、「移動重心」、「傳球」3者為一組的訓練。不是讓選手學習單純的接球，而是學會如何在準備傳球的動作中接住來球。

■ 以縮回的右腳為軸，踏出左腳

■ 往要傳球的方向傳球

指導者
MEMO

接球時不應站在原地等球飛過來，而要主動朝球的方向「跨出腳步」。如此一來就能讓球照自己的節奏飛入手套中。

少棒的基礎 從零開始的126個必備觀念＋訓練方法 第4章 接傳

指南 043 奔跑中的 行進間傳球

👤 人數：2～3人
🕐 時間：—
✋ 次數：2球×1組

目的 練習在向前奔跑的狀態下接到球後，迅速把球傳給隊友的行進間傳球法。

順序

① 餵球者把球丟到練習者前方一小段距離外

② 練習者往前跑接住球後，用行進間傳球法把球傳向目標

1 在奔跑狀態下接住球

2 沒有時間轉換成傳球動作

仁志流 指導解說

所謂的行進間傳球，就是身體在奔跑中、處於不穩定狀態時把球傳出去。基本上是先跨右腳傳球，可以讓選手用這種感覺練習看看。

3 跨出右腳，以右腳為軸做出傳球動作

4 右腳用力蹬地，把球送出

指導者 MEMO 雖然行進間傳球需要一定的身體能力，但學會的話不僅很帥氣，也會很有成就感。可以讓選手抱著挑戰的心情練習看看。

123

指南
044

轉身跳傳

👤 人數：2～3人

🕐 時間：一

次數：2球×1組

目的	比賽中有時會遇到需要轉身把球往後傳的情況。 這種時候轉身跳傳就能派上用場。

少棒的基礎 從零開始的126個必備觀念＋訓練方法　第4章 接傳

1

▎在奔跑狀態下接住球

2

▎但傳球目標在後方

3

▎左腳單腳跳起

4

▎一邊跳躍一邊轉身傳球

順序

① 餵球者把球丟向傳球目標的反方向

② 練習者跑上前接球，然後用轉身跳傳把球傳向後方的目標

仁志流
指導祕訣

當 二壘手跑向二壘接球後要回傳一壘，或是需要把球往背後傳時，就會用到轉身跳傳。這種技巧雖然比較難，但還是可以讓選手體驗看看。

指導者 MEMO	有些人可能會反對讓學生學習這種花俏的技巧。然而，我們並不是因為花俏才讓學生學習這種技巧。一切都是為了拿到出局數。

指南 **045**	# 以低姿勢傳球的 軸足傳球法	人數：2～3人
		時間：—
		次數：2球×1組

目的	所謂的軸足傳球法，就是在低姿勢狀態下接住球後，不擺正姿勢便直接傳球。

1 以低姿勢接住來球

2 但沒有時間抬起身體

3 維持彎著身體的狀態跨出右腳

4 以下肩方式把球傳出去

順序

① 餵球者丟出平緩的滾地球

② 練習者跑上前接球，以低姿勢把球傳出去

仁志流
指導秘訣

由於必須在彎身狀態下單用右腳的力量傳球，所以屬於難度很高的技巧。不能靠手的力量傳球。讓手臂放鬆垂下、自然甩出是一大重點。

指導者 MEMO	「pivot foot」指的就是軸心腳，而軸足傳球法（pivot throw）其實就是「利用軸心腳傳球」的意思。因為這種傳球法的原理是在踏出軸心腳後直接傳球，所以才會有此名稱。

指導要點

棒球的準備

理解棒球

接球

接傳

打擊

投捕練習

野手

鍛鍊體能

COLUMN ❹ **生理學知識 ❶**

人體分為可動的部位
和不可動=固定的部位

人體的結構非常精巧，由關節等可動的部位和不可動的部位彼此組合而成。

以下半身為例。雖然腳踝是可動的，但其上的膝蓋周邊還是為了穩定身體的不可動部位。而更上面的髖關節卻又屬於可動部位。手臂也是一樣，肩胛骨是可動的，但下面的手肘是不可動的，用以固定手臂；然後手腕又是可動的，手指則是固定的。

如果人體不是這種構造，我們只要稍微做個動作就會失去平衡，根本不可能站立。

這樣的人體構造在鍛鍊體能時非常重要。要是勉強移動不可動的關節，就很容易導致運動傷害。相反地，可動的部位如果訓練時太少活動，則無法強化身體的柔軟度和肌力。為了防止上述這些問題，就必須好好了解人體的構造。

雖然這聽起來並不簡單，但現在坊間其實已有很多專門書籍。專為體育訓練者而寫的書也比以前增加許多。

請各位指導者務必多多吸收各種知識，將人體可動的部位和不可動=固定的部位牢記在心，融入選手的訓練中。

可動
固定
可動
固定

可動
固定
可動
固定

人體有可動的部位和固定=不可動的部位

少棒的基礎 從零開始的126個必備觀念＋訓練方法

第5章

打擊

Batting

所有棒球技術中，
最受個性影響的就是打擊的技巧。
所以從少棒時期開始，
就該思考如何在訓練時
讓選手原有的個人特色得以成長。

基本技術　從預備姿勢到開始揮棒

放鬆力量，將球棒舉至Top

1 預備姿勢　　　2 身體拉回，做出Top的動作

即使發現奇怪的習慣，也不要強迫其改正

一如前面說過的，打擊是一種非常重視個人特色的技巧。升上小學高年級後，選手的個性就會逐漸展露，也會在打棒球時出現一些奇怪的習慣。

然而，這些動作乍看多餘，但實際上卻很可能是選手施力的原點，或是能助他掌握擊球時機的重要因子。

若是碰到這種狀況，卻硬要用標準的打擊動作套在選手身上，選手反而會覺得綁手綁腳、無法施展開來。由於這正是他們的黃金時期，所以即便如此，有些指導者還是會希望趁現在讓選手學會標準的揮棒方法。但是這麼一來，選手就只能成為一名「揮棒很漂亮的普通打者」。失去強力揮擊的能力與自己獨特的擊球角度、特性。

3 準備開始揮棒 算好時機開始揮棒 **4** 跨步狀態。髖關節的動作是重點

保留看似多餘的動作來培育選手

指導選手打擊的動作時，比指導其他技術更需要注意自己的用詞。

在上圖的揮棒動作前半段中，球棒舉至Top（結束拉回動作開始揮棒的轉折點）時，很多選手的手肘和棒頭常會有多餘的動作。有時這些多餘的動作會延誤揮棒，結果以毫釐之差揮空。

但是，這種時候指責選手多餘的動作並不恰當。因為揮空的問題通常和那些多餘的動作沒什麼關係，而是太慢開始揮棒。既然如此，那揮棒時間提早點就能解決問題了，所以指導時只需就打擊時機的層面檢討即可。

像這樣在保留「有個人特色的習慣」前提下改善選手的表現，是非常重要的。

基本技術　從開始揮棒到完成揮棒動作

利用骨盆使身體轉動

1 身體開始扭轉

2 不是用腰，而是用雙腳和髖關節（骨盆）的運動扭轉身體

這個部分不宜進行技術性的指示

　　上圖是從開始揮棒到揮棒動作完成的分解圖。由於這部分基本上屬於無法憑意識改正的部分，所以不宜對手部或腳部動作等瑣碎的部分進行指導。

　　不過還是必須讓選手了解揮棒的過程究竟經歷哪些動作，以及力量的運作原理。

　　例如身體的轉動。打擊本身就是靠猛烈轉動身體帶動球棒旋轉，然後將力量聚集在棒頭、將球擊出的技術。所以，身體的旋轉是非常重要的。然而，儘管揮棒的力量並非來自腰部關節，我們卻常常聽到「扭腰」這種說法。腰部其實根本沒有可以活動的關節。雖然外表看上去像是腰在旋轉，但實際上卻是左右兩側的骨盆在移動。

3 不只要擊中球的表面，而是要用把力量灌入球心的感覺揮擊

4 揮棒的力道愈強，球棒的擺動幅度也愈大

用下半身的複雜運動扭轉身體

換句話說，打擊的扭轉是一種在雙腿牽引下，兩邊骨盆前後移動的動作。

只要明白這個機制，就會理解比起在打擊區內空揮、努力練習「扭腰」，伸展髖關節和骨盆的訓練才是更有效的做法。

尤其是打擊時的下半身動作，是一種藉由扭轉和伸展許多不同關節才能做出的複合動作。並非只要上下左右移動手腳就能做好的單純動作，而是各種精細動作結合而成的複雜移動。對少棒階段的選手來說，就算用言語說明，恐怕也無法馬上理解。

因此才要讓他們親身體驗。就這層意義來說，更可看出體能訓練的重要性。

輕拋打擊練習

👤 人數：2人

🕐 時間：—

✊ 次數：20球×2組左右

目的	拋打的目的是練習打擊移動中的球。 訓練時也一併將需要注意的事項告訴選手吧。

1

▎從打者的斜前方輕輕拋球

2

▎打者將球擊向自己的正前方

順序

① 2人1組，一人負責餵球，一人負責打擊

② 把球打向球網

仁志流
指導祕訣

不 同於空揮和用球座練習，拋打可讓選手練習打擊在空中移動的球。要留意這項練習是以擊中球心為目的，不是只有打到球就好。

指導者 MEMO	打者有時會不自覺地把腳跨向投球者的方向。如此一來就會變成在練習控制打擊角度，所以一定要留意打擊時跨步的方向。

一旦忘記練習的目的，
或是練習時心不在焉，
就失去了練習的意義

統一全隊的用詞

　　關於拋打方面的練習，有時候不同的球隊會使用不同的用語。例如本書是將左頁的練習稱為輕拋打擊練習（tee batting）（tee batting原指用球座打擊；但日文中則指打擊由餵球者丟的球），而將使用球座的練習方法稱為定點打擊（stand-tee）（即英文的tee batting）；不使用球網，由投球者直接接球扔回的練習則稱為連續拋打（toss-batting）（與英文的pepper同義）。

拋打不是比賽

　　有些人練著練著會開始跟投球者互相配合，不知不覺變成在「練習參加拋打比賽」。雖然兩個人單獨練習時打起來很順手，但如果忘記這只是為了正式比賽而練習，就會失去練習的意義。

進階練習範例

定點長打對身體負擔很大，務必注意

　　小孩子的身體仍未發育完全，因此揮棒的動作對身體造成的負擔比想像中更大。用球座測試打擊距離的定點長打等訓練，由於打擊的是靜止的球，對身體的負擔非常大，可能會導致腰部受傷。絕對禁止過度用力。

指南 047	從背後投球的 輕拋打擊練習	👤 人數：2人
		🕐 時間：—
		☝ 次數：20球×1組

目的 學會攻擊外角球是打擊的一大課題。
因此才要練習本項的拋球打擊。

1 餵球者從打者背後投出外角球

2 以中央偏外角反方向的感覺打擊

順序

① 餵球者從打者斜後方餵球

② 打者打擊飛進外角的球

※ 由於餵球者需要具備一定
　程度的技術，所以最好由
　成人擔任。同時也要留
　意，避免受傷

仁志流
指導祕訣

往 身體外側飛行的
外角球並不好
打。由於用自由打擊練
習的話鐵定打不到這樣
的球，所以利用這類練
習反覆擊打就顯得十分
重要。

指導者 MEMO 練習揮擊這種高難度的球時，應從打擊的動作開始學習。例如先用空揮熟悉揮
棒的方式，然後利用球座反覆練習，最後再進行上述的打擊訓練，一點一點地
克服。

134

指南 048 用球座練習 不同球路的打擊

👤 人數：1人	
🕐 時間：—	
👆 次數：20球×1組	

目的 透過反覆練習記住各種不同球路的「打法」。

1

將球調整到自己想練習的球路

順序

① 將球座的高度和位置調整到想練習的球路上

② 面對球網重複打擊。記住揮棒時的動作是重點

仁志流
指導祕訣

如果用移動中的球練習，就無法重複練習相同的球路。但定點打擊卻能「重複練習固定的動作」。想要讓身體記住特定動作的時候，就用球座來練習吧。

2

反覆打擊，記住揮棒方式

指導者 MEMO 在自由打擊練習時打不到的球路，無論繼續用自由打擊練習多少次還是無法進步。想要進步的話，必須不停重複相同動作，花時間讓身體記住。

指南
049

連續拋打練習（pepper）

👤 人數：2人

🕐 時間：—

🖐 次數：10球×1組

目的

將正面投來的球打回去的練習。
可同時訓練打者的打擊精確度和投球者的守備能力。

順序

① 2人1組，相距約7～8m，打者將投球者投出的球打回去

② 感覺就像其中一方改拿球棒的傳接球

1

打者用一個彈跳的方式將來球打擊回去

仁志流
指導秘訣

不 同於輕拋打擊，這項打擊練習是要揮擊從正前方過來的球。雖然打擊力道太強的話會有點危險，但可以同時訓練打擊者的擊球精準度和投球者的守備能力。

2

投球者也能練習接球

指導者
MEMO

比賽的時候，基本上會把投手從正面投來的球往中央打回去。所以連續拋打也很適合用來訓練選手，讓選手記住中央方向來球的打擊角度。

指南 050 邊走邊打的 行進間打擊

👤 人數：2人～

🕐 時間：—

✋ 次數：5球×2組

目的 揮棒跟走路一樣，都要用到雙腳。
此練習可讓選手學會掌握擊球的時機。

順序

① 在拋打練習的揮棒動作前加入行進的動作
② 收回右腳時身體拉回，然後看準球順勢揮棒

1 上半身擺好打擊姿勢，側身行走

2 收回軸心腳

仁志流 指導秘訣

走 路和揮棒的動作其實很像。由於本項目還包含擊球的動作，所以看準擊球時機十分重要。在這層意義上，可說是相當有效的練習。

3 球棒舉高至Top

4 順勢揮棒，把球打出去

指導者 MEMO 令人意外地，不少選手都以為打擊是一種以手為主的技術。請運用此練習，讓選手學會如何像走路一樣運用雙腳，並配合身體的扭轉擊球。

指南 051

傳接大球，學習掌握時機

人數：2人
時間：—
次數：5球×2組左右

目的 接、傳大球需要用到比較大的動作。
因此可以利用這種方法學習掌握打擊的時機。

1

▌讓練習搭檔從斜前方傳球

2

▌練習者接住球後，扭轉身體把球傳出去

順序

① 讓一方從斜前方傳球

② 練習者接住球後，身體大幅度拉回，再用力將球丟向球網

仁志流 指導祕訣

棒球的打擊，就是利用身體將球帶向自己，再用全身的力量揮擊出去。若能用全身理解球的動向和自己動作的關聯，自然就會知道何時該揮棒。

指導者 MEMO 讓選手理解打擊並不是用球棒的中心去瞄準球。而是預測球的軌跡，並將球帶進來，看準時機後揮擊。

有些竅門
用較慢較大的動作，
會更容易領悟

一邊接球
一邊將身體往回拉

打擊動作就像遊樂園的海盜船一樣。要先大幅度傾斜，用力往回拉，然後在頂點折返，朝反方向擺盪。只要讓往回拉的動作配合球的動向，就能掌握打擊的時機。

朝揮棒方向
大幅度擺動

如果不用拉回的動作吸收球的動能，就很難接到大球；而傳球的時候也同樣需要讓身體大幅往後轉動。拉回的幅度愈大，反作用力也愈大。由於身體會自然地如此反應，所以選手應該會很容易理解。

進階練習範例

用拉回的動作
抓住打擊節奏

想要抓住移動中物體的節奏，自己也必須跟著移動、與該物體同步。而在打擊時，就是利用身體拉回的動作來調整節奏。讓選手學習這個動作，掌握對方投球的步調吧。

<table>
<tr><td>指南
052</td><td>提早起步
增加反應時間</td><td>人數：1人
時間：5分鐘左右
次數：—</td></tr>
</table>

| 目的 | 早早起步，慢慢動作，是棒球打擊很重要的訣竅。
如此一來便能留下較長的反應時間，面對各種不同的球路時才能應變。 |

1 從預備姿勢開始拉回動作

2 慢慢將身體各部位往回拉

3 跨步時，上半身不動

4 用這一系列的動作調整打擊時機

順序

① 在空揮或自由擊球的預備
　動作時有意識地練習

② 雖然起步要快，但後續的
　動作要慢

仁志流
指導祕訣

實際上，愈早起步的話，就有愈多時間可以反應來球。而有了充足的反應時間，就可以慢慢調整揮棒時機。本練習的目的就是要理解這點。

| 指導者
MEMO | 打擊的時機並不是一起步就得馬上抓到，而是要一邊動作一邊慢慢調整。若能做到這點，無論什麼樣的球都能打得出去。 |

因為是非常困難的概念，
應用各種說明方式和實際動作
幫助選手理解

仁志流
指導秘訣

指導者的表達能力
與選手的成長息息相關

舉例來說，玩劍玉的時候，必須讓手上的劍與球的動向同步，才能抓到接球的時機。而同步的時間愈長，就愈容易掌握時機，讓劍尖準確地插入球孔。像這樣利用比喻也是一種說明的方法。

為了方便理解，
也可用抬腳代替滑步

由於滑步的拉回方式動作較小，可能比較不容易配合對方投手的動作。遇到這種情況，改用抬腳動作代替滑步也是一種方法。如果改用簡單易懂的動作，應該更容易領會如何在移動中配合動作。

進階練習範例

嘗試與不同類型的
投手搭配

不同投手的投球動作和節奏也各不相同。若能多透過練習觀察對手的動作，使自己的節奏與對方同步，應該就能明白如何掌握打擊的時機。

指南 053 以球的中心 為目標揮棒

👤 人數：2人以上	
🕐 時間：5分鐘左右	
✋ 次數：—	

目的　說到球的中心，很多人腦海浮現的都是球的表面。
但實際上球的中心應該在內部才對。打擊時應以此為目標。

1 不能以想碰到球表面的方式打擊

2 心裡想像要把球打穿的感覺，就能揮出強力的一擊

順序

① 在自由打擊的時候有意識地練習
② 抱著要打擊到球心的感覺揮棒

仁志流 指導祕訣

聽到擊中球的中心，不知為何很多人會想成球的表面，結果只能擊出力道一般的球或擦棒球。一般說要擊中球的中心點，應該是指強力的揮擊才對。

指導者 MEMO　對小學低年級的選手而言，可能有點難想像什麼是擊中球的中心點。如果是這樣的話，只要告訴他們「全力揮棒」就行了。但若是可以理解的選手，則可跟高年級選手一樣用理論說明。

仁志流 指導秘訣

雖然軟式棒球是中空的，但中心點還是球的內部

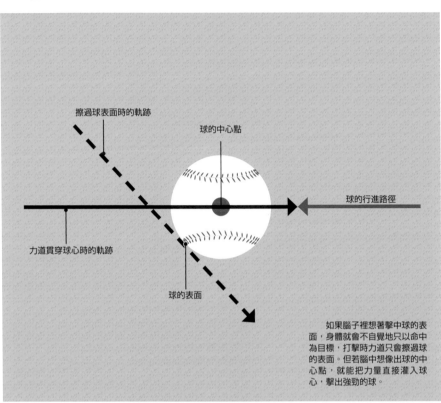

擦過球表面時的軌跡

球的中心點

球的行進路徑

力道貫穿球心時的軌跡

球的表面

如果腦子裡想著擊中球的表面，身體就會不自覺地只以命中為目標，打擊時力道只會擦過球的表面。但若腦中想像出球的中心點，就能把力量直接灌入球心，擊出強勁的球。

進階練習範例

用稍微由上往下打的感覺，可以揮擊得更漂亮

棒頭的軌跡如上圖般與地面平行或稍微往上，是最正確的擊球法。然而，就算腦中想要這樣揮擊，但實際揮棒時棒頭往往會不自覺地往下沉。因此改用稍微由上往下打的感覺揮棒，反而能擊出更漂亮的球。

<table>
<tr><td>指南
054</td><td rowspan="2">找出最適合自己的
Top位置</td><td>人數：2人</td></tr>
<tr><td>時間：5分鐘左右</td></tr>
<tr><td></td><td>次數：—</td></tr>
</table>

| 目的 | 打擊時若來不及反應來球，通常都是因為Top沒有做好。
所以要幫助選手找出最適合自己的Top位置。 |

1 身體拉回至Top的位置

順序

① 選手跟教練2人1組練習
② 由教練幫忙調整球棒的位置，跟選手互相確認

仁志流
指導秘訣

通常打者會在沒有拉回並蓄積力量的情況下出棒，都是因為太急著揮棒，沒有做好Top的動作。必須由教練幫忙檢查，找出最適合打者的Top位置。

2 很多選手的Top高度都太低，要仔細檢查

指導者
MEMO

雖然Top的時候不一定要在折返點停下球棒，但稍微停頓一下再慢慢出棒，比較能夠蓄積力量。同時也能調整打擊的時機和提升揮擊力道。

指南 055	**用握柄帶動球棒**	人數：2人
		時間：5分鐘左右
		次數：—

目的 讓選手明白揮棒時應該由握柄先動，棒頭在後。
不要讓棒頭太早出來。

▌選手擺好Top的動作後，由教練抓住棒頭，再讓選手開始揮棒

順序

① 選手與教練2人1組練習
② 教練抓住棒頭，跟選手一同確認動作

仁志流 指導祕訣

如果打擊時棒頭先出去，就沒辦法充滿力道的揮擊。讓選手明白棒頭不應先動，而是從握柄處開始揮動。

指導者 MEMO 如果棒頭太早放下（倒下）去，好不容易蓄積的力量就會全部跑掉。本訓練的目的就是為了避免發生這種情況。

145

指南 056

右打者
利用右臀施力

人數：2人

時間：5分鐘左右

次數：—

目的 若不運用髖關節，身體就無法轉動。
本練習的目的就是讓選手記住活動髖關節時右臀施力的感覺。

順序

① 選手跟教練2人1組練習
② 教練推壓選手的臀部，與選手一同確認動作

1 選手擺出擊中之球前的姿勢

仁志流
指導祕訣

雖 然我們常說「扭腰」這個詞，但腰的結構其實並不能轉動。一般所見的扭腰動作，其實是骨盆移動造成的。這個動作對揮棒來說十分重要。

2 將右臀向前挺，就能轉動身體

指導者 MEMO 無法只單獨移動骨盆，必須配合腳部的動作才能運作。由此可知下半身對打擊的重要性。

指南 057 打出平飛球，將球打向左中央或右中央

人數：2人	
時間：—	
次數：10球×1組	

目的 學習強力揮擊時如何控制球的方向，並了解應該瞄準哪裡。

在自由擊球等練習時，想像有跑者在箭頭所示的位置並揮擊

順序

① 在自由擊球時有意識地打擊

② 擊球時不要被球帶著走，而是要把球擊向中央的位置

仁志流 指導祕訣

學生打擊時以為拉打會飛的比較遠，但其實往中左外野到中右外野方向擊球是飛最遠的，所以設計棒球場時才會將中外野設定為最長距離。

指導者 MEMO

小學生把球打向右邊的時候，很容易變成右邊方向的滾地球；但如果因此而逃避這種球，就變遲只能在前方擊球（右打者的情況），應變能力也會降低。所以不要太介意打出右邊方向的滾地球。

指南 058

用假點真打
確認揮棒的軌跡

👤 人數：1人	
🕐 時間：—	
⏱ 次數：5分鐘左右	

目的 假點真打的動作其實就是揮棒的倒帶動作。
故可藉由這個方式檢查揮棒的軌跡。

1 打者擺好短打的姿勢

2 把球棒收回來再揮出去，跟假點真打時的動作一樣

順序

① 除了空揮之外，也可以用
自由擊球的方式練習

② 揮棒前一邊慢慢收回球
棒，一邊確認棒頭的軌跡
和擊球點

仁志流
指導祕訣

短 打和普通打擊的
擊球點是一樣
的。所以假點真打其實
就像揮棒的動作倒帶後
再重播一次。很適合
用來確認擊球點的位
置。

指導者 MEMO 假點真打可以自然地檢視揮棒的動作，所以在職業棒球界中，也有很多選手站
上打席時一定會用類似的動作試揮、確認。

148

指南 059 利用地面的高低差檢查「身體的錯位」

👤 人數：1人
🕐 時間：—
⚾ 次數：10球×1組

目的 打擊的時候，左（右）半身向前移動，右（左）半身卻留在原地的「開體」動作非常重要。本練習的目標即是確認此動作。

1 如照片所示，做出拉回的動作

2 慢慢做出跨步

順序

① 找一塊離地10cm左右的平台或矮階梯，軸心腳踩在上面，擺出拉回的動作

② 慢慢跨步。體會一邊將重心留在軸心腳上一邊跨出腳的感覺

仁志流
指導秘訣

這種「開體」的感覺很難掌握，但只要抓住感覺，打擊時就能輕鬆蓄積力量。而這個動作的要點，就是在跨步時將重心留在原地。此外這項訓練也能強化下半身。因此可以試著左右兩邊平均練習。

3 若在平地練習的話，到這裡就動不了了

4 在有高低差的地面可以增加動作範圍，更好抓住感覺

指導者 MEMO 棒球的打擊必須一邊用身體各部位做出「開體」這種微妙的動作，一邊計算擊球的時機和蓄積力量，是一種難度很高的技術。盡量用不同方法讓選手用自己的身體嘗試看看吧。

基本技術｜短打的基礎

棒頭一側稍微抬高

1 擊球點應在球棒商標略前的位置。同時棒頭應微微高起

比賽關鍵時刻
必須有人執行的戰術

　　青少棒時期還不需要為了贏得比賽而頻繁使用短打。比起獲勝，讓孩子盡情感受棒球的樂趣更重要好幾倍。

　　然而，還是必須讓孩子了解「用團隊的力量贏得比賽」這件事。由此來看，用犧牲短打獲得一次勝利也無傷大雅。然而我們無法預測輪到誰上場時會用到短打，所以為了讓戰術成功，所有人都必須先練習短打。

　　短打跟普通的打擊不同，不是重視個人特性的技術。所以有客觀上最容易成功的擊球方式，只要依循那種方法並且勤加練習，就會有所進步。加上即使是小學生也不會有先天體能條件不足的問題，所以可以教導選手基礎的動作，讓其學習。

眼睛和球棒、
來球呈一直線

2 膝蓋微彎擺出預備姿勢。呈現球在最前、球棒在中間、眼睛在後的狀態

不確實的做好動作
就無法進步

　　短打也跟一般打擊一樣，切記不能有彎腰駝背等不良姿勢。唯有確實做好姿勢才能提高成功的機率。

　　然後，如上圖所示，打擊時打擊者的視線應和球棒、球在同一條線上，呈現「球─球棒─眼睛」的狀態。低年級的選手比較容易對來球產生恐懼感，可能會因害怕被球打到臉而把視線移開。這時候也可以先從軟球開始練習。

　　短打時如果太過隨便，或是沒有紮實做好基本動作，成功率就會大幅下降。例如只用手腕的力量去擊球，或是棒頭舉得不夠高而變成高飛球等情況。所以打擊時，一定要做出正確動作、然後利用膝蓋帶動球棒，做出標準的姿勢。

選擇適合自己的短打姿勢

👤 人數：2人以上
🕐 時間：—
✋ 次數：10球×1組

目的 短打姿勢可大略分為兩種。雖然選擇哪一種都無所謂，但一定要找出最適合自己的姿勢。

左腳打開的開放式站法

順序

① 比起單純擺出姿勢，實際擊球會更容易抓到感覺

② 兩種站法都試試看，找出比較適合自己的方式

仁志流 指導秘訣

開放式站法雖然比較容易看著來球，但外角球看起來會比實際上更遠。而側立式站法雖然活動性較好，也能應對外角球，同時也易於調整打擊角度，但卻較難看到背後。

左腳踏在前方的側立式站法

指導者 MEMO 兩種方法都各有優缺點，所以不必要求全隊選手都用使同一種打法。只要選擇適合自己的方法，並多加磨練短打的技巧就行了。

指南 061 利用膝蓋配合球的高低

👤 人數：2人以上
🕐 時間：—
✋ 次數：10球×1組

目的 短打時移動手腕追球一定會導致失敗。
讓球員記住如何運用膝蓋的動作瞄準來球。

1 用膝蓋的伸展配合來球高度

2 偏低的球也要運用膝蓋調整並觸擊，不可垂下棒頭

順序

① 所有短打練習都要這樣做

② 尤其是面對偏低的球，要注意不能移動手部追打來球

仁志流指導祕訣

如 果移動手追打來球，眼睛就會離開球棒，破壞短打的標準動作。由於棒頭垂下，所以很容易打成高飛球。是短打失敗的典型例子。

指導者 MEMO 要調整短打的左右角度時，也不可以刻意移動手腕，而是要利用身體的角度控制。手部是最不需要調整的部分，可以先不考慮。

指南 **062**	**手掌呈「L」形 代替球棒練習短打**	👤 人數：2人以上
		🕐 時間：—
		✌️ 次數：10球×1組左右

目的	練習短打瞄準球的方式，以及理解如何利用身體跟球。

1

▎透過手掌的弧口觀察來球

2

▎以這個姿勢瞄準後用手掌擊球

順序

① 投球者輕輕投球
② 打擊者一邊看球一邊用手打擊

仁志流 指導秘訣

短 打時最重要的就是跟球的方式、球與球棒的相對位置，以及用身體跟球的動作。而這項練習可以讓球員同時理解以上三者。也可以利用軟球練習。

指導者 MEMO	由於一般的打擊時，打者的眼睛與來球有一段距離，所以很多人會以為短打也一樣。故要讓選手理解，短打時必須同時看著球棒和來球，這點非常重要。

**仁志流
指導秘訣**

用手掌的弧口瞄準球，
觸擊時就會
自然地用到下半身

併攏的4指相當於
短打時的球棒角度

　　讓4指和拇指呈「L」形，然後用手掌的弧口當成瞄準器進行短打練習。併攏4指的角度，與實際短打時球棒的角度大致相等。

不調整膝蓋高度
就無法瞄準

　　如果不把臉放在手的後方，就無法用手掌弧口瞄準來球。因此頭的位置會被迫跟著球移動，此時便會自然地運用膝蓋。等到習慣這個姿勢後，就可以改使用球棒短打看看。

NG

視線跑掉的話
棒頭就會往下沉

　　短打之所以打不好，大部分的原因都和左圖一樣──眼睛離開了棒頭，使棒頭下沉。運用這項練習，讓選手理解短打的原理吧。

指導要點

棒球的準備

理解棒球

接球

接傳

打擊

投捕練習

野手

鍛鍊體能

指南 063 一壘有跑者時的 犧牲短打練習

- 👤 人數：8人以上
- 🕐 時間：—
- 🔁 次數：1球×2組左右

目的 實戰性的短打練習。
理解把球打向該區域的理由。

球場的動態

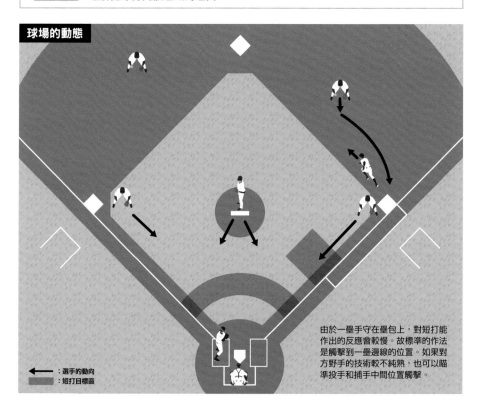

：選手的動向
：短打目標區

由於一壘手守在壘包上，對短打能作出的反應會較慢。故標準的作法是觸擊到一壘邊線的位置。如果對方野手的技術較不純熟，也可以瞄準投手和捕手中間位置觸擊。

順序

① 在場上配置投手和捕手、跑者。也可以配置外野手，順便練習補位
② 守備方使用短打shift戰術。攻擊方則要設法避開防守，讓跑者進壘

仁志流 指導秘訣

本節介紹的是犧牲短打的基本作法。理論上就是例如上圖的打法，將球打到對方不易防守的區域，便能有效牽制一壘手的移動。這正是把球打到那個位置的原因。

指導者 MEMO

一壘有跑者時的犧牲短打要求沒有那麼嚴格，原則上抱著「擊出滾地球就OK」的心情去打就行了。但如果對方的守備能力不錯，把球打到上圖所示的位置會比較難成功。

指南 **064**	**二壘有跑者時的犧牲短打練習**	👤 人數：8人以上
		🕐 時間：—
		🖐 次數：1球×2組左右

目的	二壘有跑者時的犧牲短打練習。 跑者的判斷能力也很重要。

球場的動態

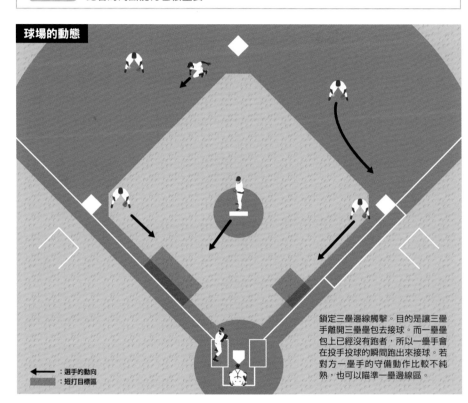

←—— ：選手的動向
▨▨▨ ：短打目標區

鎖定三壘邊線觸擊。目的是讓三壘手離開三壘壘包去接球。而一壘壘包上已經沒有跑者，所以一壘手會在投手投球的瞬間跑出來接球。若對方一壘手的守備動作比較不純熟，也可以瞄準一壘邊線區。

順序

① 在場上配置投手和捕手、跑者。也可以配置外野手，順便練習補位

② 守備方使用短打shift戰術。攻擊方則要設法避開防守，讓跑者進壘

仁志流 指導秘訣 ——壘有跑者時的犧牲——短打是高難度的戰術。打擊者必須觀察守備的動向後再決定短打的方向。跑者也必須先拿捏是否能跑到三壘後才能起跑。

指導者 MEMO	若能理解二壘有跑者時的犧牲短打困難點在哪裡，就代表選手對棒球的理解有所提升了。帶球員們一起模擬各種進壘時打擊的可能狀況，更加認識棒球吧。

<table>
<tr><td>指南
065</td><td>跑越一壘</td><td>👤 人數：1人以上
🕐 時間：—
☝ 次數：2～3趟</td></tr>
</table>

目的	一壘的跑壘有幾個技術上需要注意的地方。 跑壘前必須先有所理解。

可以不用跑在三呎線上

越壘時用右腳踩壘才是合理的作法

身體可以自然遠離野手

跑過一壘（over run）

順序

① 練習從本壘跑上一壘

② 一壘的跑壘就算跑越壘包也不會被觸殺出局，但若明顯表現出繼續進壘的意思而被觸殺就算出局

仁志流
指導秘訣

雖 然踩壘時不論用哪隻腳都算上壘，但跑越壘包的情況下，用右腳上壘才能使身體自然遠離野手，降低衝撞的風險。

指導者 MEMO	若對方從本壘往一壘方向傳球，跑者跑在三呎線外並碰到球，就會構成妨礙守備。但對方沒有傳球時，就不需要顧慮三呎線的問題。

少棒的基礎 從零開始的126個必備觀念＋訓練方法 第5章 打擊

以二壘為目標的一壘跑壘

<table>
<tr><td>指南 066</td><td></td><td></td></tr>
</table>

人數：1人以上	
時間：—	
次數：2～3趟	

目的 在擊出安打後打算一口氣跑向二壘時，用左腳蹬一下一壘壘包可以更快上到二壘。

1 以弧形路徑跑過一壘壘包

2 感覺好像以左肩對齊跑壘路徑

3 身體左傾可以更快轉彎

4 確認球的動向

順序

① 練習從本壘開始上壘

② 為了讓選手理解跑壘的路線，可以在場上實際畫出路徑

③ 用左肩對齊跑壘路線的感覺去跑

④ 用左腳蹬壘包側面（若場地為固定式壘包）

仁志流 指導祕訣

觸壘時盡可能使用左腳，並用踢擊壘包側面的感覺跑過去。若跑壘時用左肩對齊路徑的感覺去跑，便能快速變換方向。

指導者 MEMO 棒球的規則上，跑越一壘時並沒有界內界外的限制。然而若明確表現出前進二壘的意圖，一旦被球碰到就算出局，所以必須跑在邊線外側，避免出局。

指南 067	學習離壘的 基本技巧	👤 人數：1人以上
		🕐 時間：—
		👆 次數：5～10次

目的 離壘的安全距離因人而異。
因此要了解適合自己的離壘範圍和方式。

1 離壘時應先跨出右腳，左腳再接著跟上

一步 兩步

2 默數「一步、兩步……」

3 注意不要用交叉步

4 在自己剛好來得及跑回壘包的距離預備

順序

① 可以自己1個人練習，也可以在自己擔任跑者的時候
　嘗試
② 記住自己離壘的步數

仁志流 指導祕訣

如果離壘時用交叉步移動，而在腳步交叉的當下遭到投手牽制，身體會動彈不得。所以要留意跨步的方法。

指導者 MEMO

規則中並未規定離壘的步數。有的人最多只會離壘一步，也有的人會離壘至六步。唯有實際被投手牽制並不斷嘗試後，才能找出最適合自己的步數。

指南 068 比一般離壘更遠離壘包的滑移

人數：1人以上
時間：—
次數：5〜10次

目的　滑移是一種配合投手的動作，擴大離壘距離的技巧。
本練習的目的即是學習這種技術。

1 觀察投手的動作

2 一旦確定投手不會進行牽制，便馬上起步

3 用墊步的方式橫向移動

4 在打者擊球的瞬間著地預備

順序

① 可以自己1個人練習，也可以在自己擔任跑者的時候嘗試
② 觀察打擊者擊球的狀況，若沒有成功便馬上退回壘包

仁志流 指導秘訣

滑移又被稱為二次離壘。是增進跑壘效率時不可或缺的技術。
透過本練習讓選手掌握滑移的時機吧。

指導者 MEMO　滑移除了能擴大離壘的範圍，還能藉著讓身體保持移動而有更快的起步速度。
因為人類的身體比起「由靜至動」，「由動至動」能更加快速。

指南 069 二壘的離壘動作

人數：1人以上
時間：—
次數：5～10次

目的 為了擊出一支安打就跑回本壘，二壘的離壘方式發展出幾種技巧。
本練習的目的即是學習這種技術。

打擊失敗就返回壘包

向二壘後方離壘

打算一次跑回本壘時，為了快速繞過三壘，所以會在二壘後方離壘。然後朝三壘方向滑移。若打者沒有打擊成功就馬上退回壘包

順序

① 可以自己1個人練習，也可以在擔任跑者的時候嘗試

② 觀察打擊者的擊球狀況，若沒有成功便馬上回壘

仁志流指導祕訣

以 返回本壘得分為目標時，理論上會在二壘後方離壘。如果要用犧牲打把跑者送上三壘的話，就直接用最短距離離壘。

指導者 MEMO 這一類的技巧，如果不理解「為何要這麼做」的話就沒有意義。必須明確知道當下的目標，並依照目標選擇適當的方法。

指南 070	滑壘練習	👤 人數：1人以上
		🕐 時間：—
		✋ 次數：2次左右

目的
滑壘也是有技巧的。
在顧及安全的前提下學習如何滑壘吧。

OK

為了避免被觸殺，滑壘時右腳在前是基本的作法。左腳則彎曲縮起

NG

頭部在前的滑壘方法十分危險。請特別注意跑往一壘時不需要滑壘

順序

① 可以自己1個人練習，也可以在擔任跑者時嘗試

② 如果前腳翹起來，滑壘的速度就會變慢，所以要用摩擦地面的感覺去滑

仁志流
指導祕訣

滑 壘時十分要求速度。右腳向前伸直、身體躺下去的話，就能增加滑壘時的速度。

指導者 MEMO
撲壘本身是種危險的技術。除了一壘跑者離壘後回壘之外，基本上不需要撲壘。尤其是跑向一壘時撲向壘包，不僅危險而且沒有半點效率，還是不要使用比較好。

COLUMN **5**　生理學知識 **2**

鍛鍊足弓和
腳趾的力量

近年來，市面上出現很多非常高性能的球鞋。鞋子的底部裝有能吸收衝擊的厚實氣墊，有些鞋種甚至能自動傾斜，讓穿戴者能在過彎時跑得更快。

但另一方面，如果老是穿這種鞋子，腳掌原本的機能反而會慢慢退化。例如腳掌內側的3處足弓部位原本就有吸收衝擊的功能。然而近來腳掌足弓退化，扁平足的小孩愈來愈多。如此一來，自己腳掌原有的緩衝能力反而弱化，使腳掌內側疼痛，或是增加疲勞性骨折的風險。

此外，腳趾的力量也容易因此衰退。人的腳趾原本是用來抓住地面、維持平衡的。而在打棒球時，打擊和守備的基本動作中，同樣要用腳趾的力量抓住地面。而

且一旦腳趾的力量衰退，會慢慢變得沒辦法站穩腳步。

腳趾的趾根就跟手指的指根一樣，有一塊突起的部位。平時請多用手指從腳趾後面由下往上按摩。這麼做不僅能維持突起，多按幾次的話還能讓腳趾變得更靈活。

這個部分
有塊突起

由腳掌的內側往趾根部按壓

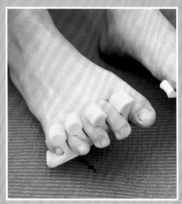

這類在百元商店就買得到的商品也十分有效

少棒的基礎 從零開始的126個必備觀念＋訓練方法

第6章

投捕練習

Battery

拿下出局數是守備最大的目的。
而擔任守備核心的則是投捕搭檔。
本章將介紹幾種投手和捕手
最需要進行的訓練。

想成為投手、捕手必須要

讓身體的軸心成一直線

前腳一邊踏出

一邊瞄準捕手的手套

1 重心放在兩腳間，挺腰站直

2 重心移向軸心腳，進入投球動作

3 視線集中在目標位置上，將力量傳到球上

投球的能力和充足的運動量是必備條件

　　成為投手最需要的，就是高超的控球能力，以及能支撐控球能力的體力和肌力。

　　同時還要每天適度練投和鍛鍊體能，在訓練前和訓練後都要注意保養身體。

　　而實際投球時，最基本的便是靈活地協調身體各部位的動作，然後將力量有效率地傳到手中的球上。然而，由於小學生的身體

還在發育中，下半身、腰部、手臂等部位的動作會比較難整合。加上標準棒球的大小對小學生的手來說實在太大，所以常常用會對身體造成較大負擔的握法投球。也因此投球時往往會勉強做出對身體不好的姿勢。而指導者的任務，就是要避免這種情況。

會的動作

4 確實揮動手臂。眼睛看著投球方向

手套中心朝向正前方

1 將手套的中心放在投手看得見的位置

2 右手放在身體後面

小學時期太亂來，會在長大後留下後遺症

根據近年的研究結果，如果小學階段太拚命投球，附著在軟骨上的韌帶可能會因此脫落，在身體結束成長的階段引發劇烈疼痛。最嚴重的話，甚至會終生都無法再打棒球。所以指導時不能勉強孩子去做他們做不來的動作，一旦哪裡會痛就要馬上尋求醫生協助。

會打棒球，還要懂得棒球

捕手碰到球的機會在球隊中僅次於投手。因此適合由全隊實力僅次於投手的人擔任。此外，捕手除了接球，還要負責阻殺盜壘、補位守備、決定配球和指揮全隊等各式各樣的任務，必須時時眼觀四面、耳聽八方。因此，是很適合讓不同選手都嘗試看看的守備位置。

指南 071 可投出正確旋轉的握球法

👤 人數：1人～	
🕐 時間：—	
✋ 次數：—	

目的 學習正確的握球方法，可以減少投球時肩膀和手肘的負擔。

1 食指、中指和拇指成等腰三角形

2 手指靠在球的縫線上

順序

① 握球時手指盡量成三角形
② 用正確的握法投球

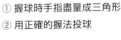

仁志流 指導祕訣

小 學生的個人差異比較大，所以可能有些孩子沒辦法用三角形握球。這種時候就換用小一點的球吧。

指導者 MEMO 如果握球的方法不對，投球時就會產生奇怪的旋轉，不易將球投往瞄準的地方。若發現選手控球能力不佳時，就回頭檢查看看握球的方式吧。

指南 072 習慣投手丘

👤 人數：1人～

🕐 時間：—

☝ 次數：15～20球

目的 在凸起的投手丘上投球，跟在平地的感覺不太一樣，需要花時間習慣。

1 站在投手丘上，習慣前腳著地的位置

2 重心如順著投手丘的坡度往下移動般投球

順序

① 站在傾斜的投手丘上

② 投球時沿著斜坡往下踩

③ 重複以上動作練習

仁志流 指導祕訣

尚 未習慣投手丘的時候就用全力投球，身體可能會受傷。故剛開始可用模擬練習輕輕投，慢慢習慣土丘的坡度。

指導者 MEMO 有些球隊平常練習的場地可能沒有投手丘。但不能因為這樣就只在平地練習投球，偶爾還是要找有坡度的地方練習。

指南 073 用手指轉球

目的 掌握用手指轉球的感覺，便能投出不錯的旋轉球路。

少棒的基礎 從零開始的126個必備觀念＋訓練方法 第6章 投捕練習

順序

① 用食指和拇指把球持穩

② 食指和拇指用力握緊，讓球旋轉

③ 重複以上動作練習

1 用食指和拇指夾住球

2 食指和拇指用力握緊

3 如果轉得好的話，球會筆直往上飛

4 重複此動作

仁志流 指導祕訣

如 果能漂亮地把球轉起來，就能掌握把力量傳到球上的技巧。這個練習不管在哪裡都能做，努力習慣這種感覺吧。

指導者 MEMO 在職業球員中，有些投手也經常利用這個方法練習。剛開始球無法轉得太高也不要緊，只要注意球是否往正上方轉就行了。

指南 074 在牛棚讓捕手站著試投

👤 人數：2人～
🕐 時間：—
🔁 次數：5～10球

目的 讓捕手站著跟投手練投，確認投球的感覺。

順序

① 進入牛棚，讓捕手站著接球

② 一邊檢查自己的動作，一邊用輕鬆的姿勢試投

③ 重複以上動作

▌眼睛看著前方開始投球

仁志流指導祕訣

為 了能看見自己投球的路徑，用宛如一條軸心貫穿身體的正確姿勢投球非常重要。此外投球前的姿勢也要注意。

▌一球一球慢慢加大動作，並確認投球的動作

指導者 MEMO 讓捕手站著接球來練習投球，比較容易看見球的軌跡。想一邊投球一邊檢查自己的球是否確實投到瞄準的地方時特別有效。

指南 075　在牛棚讓捕手蹲著試投

- 👤 人數：2人～
- 🕐 時間：—
- 🖐 次數：10～15球

目的　不用使出全力，而是改用7～8成左右的力量投球，確認身體的動作。

1

▌用正確的姿勢站好後開始投球

2

▌比起球速，控球更重要

順序

① 進入牛棚，讓捕手蹲著接球

② 一邊檢查自己的動作，一邊用輕鬆的姿勢試投

③ 重複以上動作

仁志流 指導秘訣

如果持續使用不良的姿勢全力投球，受傷的風險會大幅增加。不只是投手，所有選手都很適合進行這項練習。

指導者 MEMO　一般很容易認為讓捕手蹲下來、投手用全力投球是基本的練習。但若是全力投球，就會無暇留意身體的動作。而比起球速，投球練習時更應該注意姿勢的正確度。

指南 076	牽制一壘跑者	👤 人數：2人～
		🕐 時間：—
		🖐 次數：5～10球

目的 學會防備對手盜壘不可或缺的牽制一壘跑者技巧。

1 右腳一邊轉向一壘一邊準備傳球

2 小跨一步，將球傳向一壘

順序

① 在球場上配置一壘手，可以的話也安排跑者
② 開始投球動作
③ 腳尖轉向一壘方向傳球

指導者 MEMO 牽制可分為離開投手板和不離開投手板兩種情況。兩種都讓選手學會吧。

指南 077	牽制三壘跑者	👤 人數：2人～
		🕐 時間：—
		🖐 次數：5～10球

目的 學會不讓在得點圈上的跑者自由移動的牽制三壘跑者技巧。

1 眼睛一邊看著捕手一邊抬起右腳

2 眼睛和右腳尖同時轉向三壘傳球

順序

① 在球場上配置三壘手，可以的話也安排跑者
② 開始傳球動作
③ 用指尖朝三壘方向傳球

指導者 MEMO 如果視線馬上轉向三壘，就會暴露牽制的意圖。所以一開始要先看著捕手的方向。

指南 **078**	# 牽制二壘跑者	👤 人數：3人～
		🕐 時間：—
		☝ 次數：5～10球

目的 牽制二壘的轉身動作可分為左繞式和右繞式。兩種方式都要學會。

左繞式

1 快速朝二壘方向轉身

2 腳尖轉向二壘方向傳球

右繞式

1 從投球預備姿勢抬起左腳，向右旋轉

2 腳尖轉向二壘方向迅速傳球

順序

① 在場上配置二壘手和游擊手，可以的話也安排跑者

② 開始傳球動作

③ 用指尖朝二壘方向傳球

仁志流
指導秘訣

―― 般比較常使用的是左繞式牽制。右繞式則較常當作誘騙跑者的假動作。

指導者 MEMO 二壘壘包的守備可分為游擊手在壘包上和二壘手在壘包上兩種情況。兩種都練習看看吧。熟練之後還可以進一步試試誘騙跑者盜壘，或者使用假動作等戰術。

指南 **079** 一壘的補位	
	人數：7人～
	時間：—
	次數：5～10球

目的 投手除了投球外還要負責補位。
本頁將介紹一壘補位的技巧。

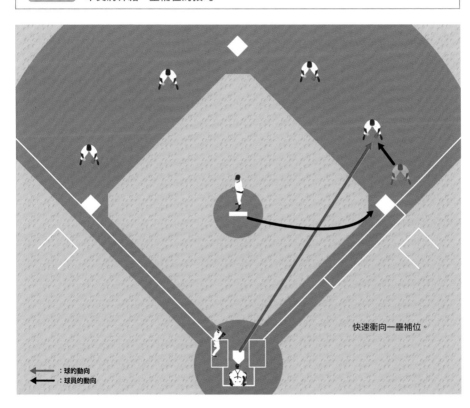

快速衝向一壘補位。

←：球的動向
←：球員的動向

順序

① 在場上配置內野手和打擊者

② 投手投球後，打擊者把球打向一壘

③ 一壘手出來接到球後傳往一壘。投手投完球後，則依上圖路線踏上一壘補位接球

仁志流 指導祕訣

當一壘手去接球時，可以由二壘手或投手補位。但不論二壘手有沒有行動，投手都應該去幫忙。

指導者 MEMO

前去補位的時候要小心踩壘的位置，避免撞上跑者。踩在壘包邊緣就好，不要踩在中央。

指南 080 三壘和本壘的補位

人數：10人～
時間：—
次數：5～10球

目的 為了預防三壘或本壘的傳球失誤，投手應進行補位。

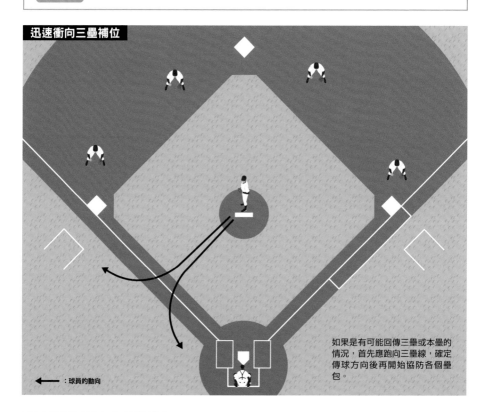

迅速衝向三壘補位

← ：球員的動向

如果是有可能回傳三壘或本壘的情況，首先應跑向三壘線，確定傳球方向後再開始協防各個壘包。

順序

① 在場上配置內野手和打擊者

② 投手投球後，打擊者把球打向各個壘包

③ 內野手接到球後傳往三壘或本壘。投手投完球後，則依上圖路線到各個壘包補位

仁志流 指導秘訣

補 位的位置，基本上應在球和傳球目標連成的延長線上。

指導者 MEMO 三壘和本壘除了負責接球的野手外便沒有其他球員。加上一旦接球失誤便有可能被對方得分。所以這種時候投手的補位特別重要。

投捕練習

指南 **081**	**處理短打**	人數：7人～
		時間：—
		次數：5～10球

目的 學會將球投出後如何快速應對短打，將球傳向正確的壘包。

1
投手用全力投球

2
投球後立即下投手丘，衝向球的落點

順序

① 在場上配置內野手和打擊者。也可以安排跑者

② 投手投出球後，打擊者用短打將球擊出。也可以直接用手滾球

③ 投手立刻上前接球，然後將球傳往捕手指示的方向

仁志流
指導秘訣

將 全隊分為守備方和攻擊方兩邊，模擬各種不同的狀況來練習。

3
用兩手確實地接住球

4
依照捕手的指示傳球

指導者 MEMO
投手在處理短打時必須跟捕手協力合作。不只是投手的動作，同時也要訓練捕手的判斷能力。

指南 082 捕手的姿勢

目的 記住能向任何方向靈敏移動的正確姿勢。

少棒的基礎 從零開始的126個必備觀念＋訓練方法 第6章 投捕練習

正面

1 手掌與地面垂直，擺好手套

側面

2 舉起手肘，將手套伸向前

順序

① 捕手穿好裝備

② 在打擊區的後方半蹲蹲好

③ 記住這個姿勢

仁志流 指導秘訣

如果手腕縮得太後面，裁判會無法看清楚球路。所以手掌要確實放在前方。

指導者 MEMO 捕手的手套就是投手瞄準的靶心。所以一定要擺在投手可以清楚看見的位置，不能隨便亂動。

指南 083	接捕的技巧	👤 人數：1人～
		🕐 時間：—
		次數：—

目的 學習如何操作手套，確實接住上下左右的來球。

右上

1 手肘離開身體，將手套移向右上方

左上

2 拇指朝下，將手套移向左上方

右下

3 手肘離開身體，將手套移向右下方

左下

4 拇指朝下，將手套移向左下方

順序

① 捕手穿好裝備，擺好姿勢
② 讓投手朝上下左右投球
③ 捕手確實移動手套接球

仁志流
指導祕訣

如 果彎腰駝背的話就無法靈活的移動身體，手的移動範圍也會變小。請留意不要駝背，擺好正確的姿勢。

指導者 MEMO 如果接球的手緊靠著身體，手臂移動的範圍就會變小。所以平時就要習慣讓手肘離開身體。此外，接捕在接球手另一側的球時，左手拇指朝下的話，手套撈得到的範圍會比較廣。

指南 084 往各個壘包傳球

👤 人數：5人～	
🕐 時間：—	
👆 次數：各壘3～5球	

目的 磨練阻殺盜壘或利用離壘過遠等時機觸殺跑者會派上用場，向各個壘包傳球的技術。

預備姿勢

1 將重心平衡地放在兩腳上蹲好

向一壘傳球

2 維持半蹲姿勢往前跨步傳球

向二壘傳球

3 內角球的情況則向右跨步

向三壘傳球

4 避開打者，向左跨步傳球

順序

① 捕手穿好裝備，擺好姿勢

② 讓投手投球

③ 捕手接到球後，迅速把球傳向各個壘包

仁志流 指導祕訣

找 到不會被打者阻礙的跨步位置是往三壘傳球的重點。可以實際讓打者站在打擊區練習。

指導者 MEMO 其中特別是往二壘壘包傳球的技術，在正式比賽中經常用到。因此要盡量在平日的訓練中安排本項目，讓選手多加練習。

指南 **085**	接住捕手上方的 高飛球	人數：2人～
		時間：—
		次數：5～10球

目的	練習會有獨特旋轉方式的捕手上方高飛球接球法。

1 脫下面罩丟到遠處，仔細看球

2 背對本壘跑向球的落點，把球接住

順序

① 捕手穿好裝備，擺好姿勢

② 用球棒打或直接用手丟出捕手上方的高飛球

③ 正確地接球

仁志流
指導祕訣

接住捕手上方高飛球的訣竅就是背對本壘。此外，為了不被面罩妨礙接球，要養成把面罩扔到遠處的習慣。

指導者 MEMO	捕手上方高飛球的特徵是：球飛向本壘後方時，最後的落點會回到本壘附近； 而若球飛向本壘前方，則會朝中外野方向移動。

指南 086 守備本壘時的姿勢

👤 人數：1人～
🕐 時間：—
👆 次數：—

目的 記住捕手站立的位置，避免在守備本壘時妨礙跑壘。

守備時應該站在不會擋到跑者行進路線的地方

順序

① 捕手穿好裝備，擺好姿勢
② 在本壘靠三壘方向的位置做出防衛姿勢

仁志流 指導秘訣

不只棒球，每種運動都可能會有重大的規則變更。所以要定期參加講習會等活動，隨時掌握最新訊息。

指導者 MEMO

雖然以前的規則允許捕手站在本壘壘包上阻擋跑者，但現在規則已經明訂禁止了。因此守備時絕對不能擋住跑者的行進路線。

少棒的基礎　從零開始的126個必備觀念＋訓練方法

第7章

野手

Fielder

野手在比賽中採取的每個行動，
都會大大影響比賽的結果。
本章將介紹關於野手守備的
基本練習方法。

指南 **087**

野手行動前要設想到傳球為止的流程

人數：3人以上
時間：20分鐘左右
次數：一

目的 野手的動作從接球到傳球都是串連著的。
必須要能一氣呵成地完成。

1 預先設想到之後傳球的方向而繞到球的前方

2 在一連串動作中接住球

3 流暢地切換為傳球動作

4 把球傳往目標方向

順序

① 在場上配置一壘手，進行拋打練習
② 野手預先想好傳球的流程後，上前接球

仁志流 指導秘訣

若能流暢地接球和傳球，比賽時就比較不會手忙腳亂。優秀的野手一定會懂這個技巧。

指導者 **MEMO**

若只是關注接球時的重點或是傳球時的重點，是無法成為一名出色的野手。唯有將兩者結合在一起，才是進步的不二法門。

利用「香蕉形位移」攔截來球

無論面對左側或右側的打擊，都要利用弧形路徑繞去接球。由於這種路徑的形狀很像香蕉，所以又稱為「香蕉形位移」。等到技術更加純熟後，也可以先往左右橫跨一步，然後再直線移動。

進階練習範例

也會有外野手採用這樣的作法

職業棒球界的優秀外野手當中，也會有選手像這樣預想傳球的情況，用倒退助跑的方式來接高飛球。優秀的選手們果然是英雄所見略同呢。

指南 088 單手反手接球

目的 想要在接到球後快速轉移至傳球動作，單手反手接球是十分有效的作法。
同時也能訓練接球的能力。

1

▌讓打擊者朝野手的右側擊球

2

▌即使不太強勁的球也要用反手接

順序

① 在場上配置一壘手，進行拋打
② 即使是威力不強的滾地球也用反手去接

仁志流 指導祕訣

想 要完美流暢地完成接球至傳球的動作，一定會碰上反手接球的課題。當然，反手接球也是接住遠距離來球的必備技術，所以無論如何都要練習。

指導者 MEMO 從國中、高中、乃至職業層級，隨著層級逐漸提升，反手接球的重要性也愈來愈高。若是因為「不是小學生該學的技術」這種理由而不去接觸，將來便無法進步。

指南 089 多角傳接球

人數：投捕搭檔和內野手
時間：—
次數：2次

目的 多角傳接球不只是單純的熱身運動，而是會用到各種內野動作的練習。
培育出可以做到多角傳球的內野陣容吧。

1

▌由持球的野手開始傳球

2

▌跟比賽時一樣，接到球後再傳給下一個人

順序

① 除了在比賽中，平日的練球時間也可以練習

② 可以設定一些順序，例如比賽攻守交換時的練習空檔，傳接的順序為「2→4→5→6→4→3→1」；打者在一壘出局後則為「3→4→6→5→1」等等

仁志流 指導祕訣

進行多角傳球練習時，必須了解在比賽時的傳球距離，以及在接球後迅速傳球等技術。甚至可以說一支隊伍若能做好多角傳球，就代表其守備陣容具有一定實力也不為過。

指導者 MEMO 當然，當壘上有跑者的時候，是沒辦法進行多角傳球的（因為是活球狀態）。此外，青少棒的比賽由於必須縮短時間，有時會沒辦法在換局間練習。所以請盡量在練球時練習吧。

指南 090	內野拋打守備練習	人數：6人以上
		時間：20分鐘
		次數：—

目的	內野拋打是由打擊者用球棒擊球後，再由內野手接球的綜合練習。可以模擬類似正式比賽的球感。

將球擊向三壘手

將球擊向游擊手

將球擊向二壘手

將球擊向一壘手

順序

① 由內野手和打擊者、以及撿球者（也可以用球網）進行練習

② 用球棒打出去的球，每球的旋轉都不一樣。多練習接這樣的球

仁志流 指導祕訣

拋打是一種綜合性的守備練習。但是不管重複拋打多少次，球技也不會進步。如果在拋打時發現問題的話，就必須透過其他訓練改正。

指導者 MEMO

在職業棒球等領域，有種連續餵球、進行大量拋打的練習方式，但那其實是一種用來在精神上超越某些東西的練習，對提升球技沒有幫助。對少棒選手而言是不需要的訓練。

指南 091 外野拋打守備練習

目的 對比較沒有機會碰到球的外野手而言，
拋打練習是練習接球的重要機會。

1

▎將球擊向守備位置的後方

2

▎將球擊向守備位置的前方

順序

① 由外野手和打擊者、以及
   撿球者（也可以用球網）
   進行練習

② 用球棒打出去的球，每球
   的旋轉都不一樣。多練習
   接這樣的球

仁志流
指導祕訣

邊看球一邊伸出
兩手接球是跑不
快的。應該盡可能以單
手接球，先用眼睛判斷
球的方向，然後再全力
跑向球的落點。

指導者 MEMO 跟內野手相比，外野手比較少有機會碰到球。這麼一來守備就不容易進步。能
讓外野手有多少練習接球的機會，就是考驗指導者技術的地方。

指南 092

6-4-3
雙殺守備練習

👤 人數：4人以上

🕐 時間：10分鐘

👆 次數：—

目的 雙殺是守備最代表性的技術。當然，不練習的話是不可能學會的。
就讓我們一起來練習看看吧。

1
▎由游擊手接球

2
▎由二壘手踩二壘，將球傳往一壘

順序

① 由二壘手、游擊手、一壘
手、打擊者最少4人進行
練習。也可以安排1人跑
壘

② 將球打向游擊手，然後依
序將球傳給二壘手和一壘
手

仁志流
指導祕訣

比 賽時最常碰到
的就是6-4-3的
雙殺（二、游間的雙殺守
備）。雙殺時最重要的
是負責接傳球的野手的
行動。而在6-4-3的情
況下，二壘手的行動是
關鍵。

指導者 MEMO 二壘手由中外野方向踩二壘壘包，然後朝投手丘方向稍微離壘並傳球。請思考
如何從守備位置轉換至此陣型，加以練習。

指南 093

6-4-3雙殺守備時二壘的踩壘方式

👤 人數：4人以上	
🕐 時間：10分鐘	
🔄 次數：—	

目的 了解實際進行左頁的雙殺守備時，二壘手踩壘且不會撞到跑者的技巧。

1 用左腳從壘包後側踩壘

2 順勢直接朝投手丘方向離壘並傳球

順序

① 由二壘手、游擊手、一壘手、打擊者最少4人進行練習。也可以安排1人跑壘

② 二壘手踩壘後傳球

仁志流 指導秘訣

6-4-3雙殺守備最重要的就是二壘手的行動。如果跟一壘過來的跑者相撞，不僅雙殺不成立，還有可能受傷。而本節介紹的就是避免這種情況的技巧。

指導者 MEMO 二壘手是非常特別的守備位置。因為二壘手較少有機會像游擊手和三壘手那樣，一氣呵成地完成接球後傳往一壘的動作。因此需要懂得各種不同的守備技巧。

指南 094

4-6-3
雙殺守備練習

👤 人數：4人以上

🕐 時間：10分鐘

👟 次數：－

目的　二壘手上前去接球後將球傳回給二壘上的游擊手，游擊手再傳向一壘，便完成了4-6-3雙殺。透過本節了解此戰術的重點。

1 ▌二壘手接到球後回傳到二壘壘包

2 ▌游擊手離開二壘壘包，將球傳往一壘

順序

① 由二壘手、游擊手、一壘手、打擊者最少4人進行練習。也可以安排1人跑壘

② 由二壘手負責接球，然後再傳向游擊手→一壘手

仁志流
指導祕訣

本項戰術因為必須由二壘手負責回傳二壘壘包，加上處理來球的位置接近跑者跑壘的路線，算是難度比較高雙殺方法。同時，二壘手不能直接朝著二壘壘包方向傳球，而是要往靠中外野的方向傳球。

指導者 MEMO　打擊的技術提升後，便可以在一壘有人的時候往右邊方向打擊送跑者進壘。比賽的水準提高後，就有更多機會會用到這種雙殺守備。

指南 095　4-6-3雙殺守備時 游擊手的踩壘方式

👥 人數：4人以上	
🕐 時間：10分鐘	
👆 次數：—	

目的　了解實際進行左頁的雙殺守備時，游擊手踩二壘壘包避免撞到跑者的技巧。

1

▌ 從守備位置上前踩壘包

2

▌ 用右腳擦過壘包角落的方式踩壘

順序

① 由二壘手、游擊手、一壘手、打擊者最少4人進行練習。也可以安排1人跑壘

② 游擊手不能站在壘包上，而是站在壘包偏向中外野的位置接球和傳球

仁志流 指導祕訣

有時候二壘手的傳球距離比較短，必須特別小心。需懂得視距離遠近改用輕拋傳球等技巧。

指導者 MEMO　如果只是告訴選手「踩二壘壘包」，就算失敗了，選手也不知道究竟是哪個環節出了問題。唯有像這樣深入探究各個細節的技巧，才能更加了解棒球。

指南 **096**	**夾殺**	

| 👤 人數：3人以上 |
| 🕐 時間：— |
| 👆 次數：2～3次左右 |

目的 夾殺是利用包夾讓離壘跑者出局的戰術。
訓練選手不要被動地站在原地傳球，而是要主動出擊拿下出局數。

1 跑者離開壘包

2 守備球員邊傳球邊逼近跑者

3 拿到球後全力衝向跑者

4 觸殺跑者

順序

① 由2名以上的野手與1名跑者進行練習

② 等跑者離開壘包便開始進行夾殺

③ 極少數情況下也可能發生在外野，所以外野手也要練習

仁志流 指導秘訣

練習夾殺時，選手經常不會使出全力去包夾跑者，結果在比賽中導致失誤。所以訓練時可以挑戰盡量用最少的傳球數讓跑者出局。

指導者 MEMO 若在一、二壘之間練習，二壘手和游擊手要站在二壘側，一壘手和投手站在一壘側。基本上盡量控制在4人以內，用最快的速度將跑者觸殺出局。

仁志流
指導祕訣

傳球時不能讓球
打到跑者身體，
如何避開跑者是重點

朝投球慣用手的方向
跨一步再傳

　　如果直接在跑者跑壘的路線上傳球，很容易不小心丟到跑者。所以右投者要朝右邊跨一步後再傳，接球者也要朝同方向偏一步後再接。慣用左手的選手也是依照同樣原理。

傳球後直接往投球慣用手
方向離開，補位其他壘包

　　往側邊跨一步把球傳給隊友後，便順勢朝該方向離開，前去反方向補位其他壘包（如右圖為二壘）。用這種方式移動，就不會擋到或撞上跑者。

最重要的重點

用「追上去」
當夾殺的暗號

　　夾殺的祕訣就是縮短與跑者間的距離。如此一來就能將跑者逼得走投無路，快速觸殺。所以準備夾殺時，先喊一聲「追上去」當暗號吧。

轉傳①
安打後回傳三壘

指南 **097**

👤 人數：9人以上

🕐 時間：20分鐘左右

👆 次數：—

目的 轉傳的時候，會依照打擊方向不同，
前往接應的野手以及負責補位、策應的野手也都不同。

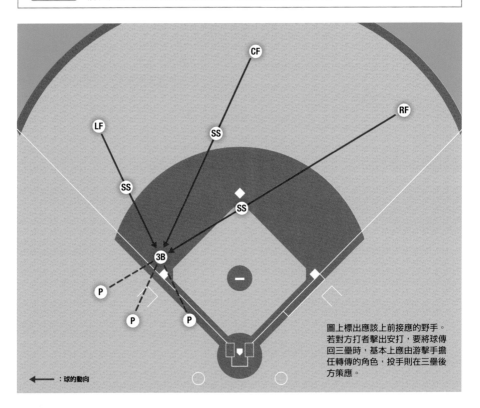

← ：球的動向

圖上標出應該上前接應的野手。
若對方打者擊出安打，要將球傳
回三壘時，基本上應由游擊手擔
任轉傳的角色，投手則在三壘後
方策應。

順序

① 包含外野手在內，全隊一同練習
② 用拋打等方式擊球，野手全員視球的方向採取相應
行動

仁志流 指導祕訣

當 跑者準備進占
三壘時，就必
須採取二壘手守住二
壘，三壘手守住三
壘，捕手守住本壘的配置方式。而其他野
手就負責接應。

指導者 **MEMO**

若是一壘上有跑者，打者擊出安打的情況，就必須將球傳回三壘。唯有能夠快
速完成轉傳陣形的隊伍，才能成功阻止跑者進壘。

指南 098	轉傳② 長打後回傳三壘	人數：9人以上
		時間：20分鐘左右
		次數：—

目的 對方打者打出長打時，就必須進行兩次轉傳。
透過練習記住各自負責的位置吧。

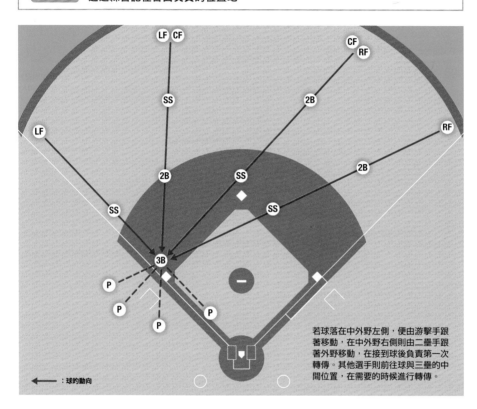

若球落在中外野左側，便由游擊手跟著移動，在中外野右側則由二壘手跟著外野移動，在接到球後負責第一次轉傳。其他選手則前往球與三壘的中間位置，在需要的時候進行轉傳。

◀—— ：球的動向

順序

① 包含外野手在內，全隊一同練習
② 用拋打等方式擊球，野手全員視球的方向採取相應行動

仁志流 指導秘訣

雖然對職棒選手而言，一次轉傳是基本功，但對肩膀力量不足的小學生而言，就必須再多一次（本來是負責策應二壘的一壘手的工作）轉傳。

指導者 MEMO 如果被打出二壘安打，不讓它變成三壘安打就是野手的任務。三壘線以外的地方就讓游擊手和二壘手進入轉傳線預備吧。

指南 099 轉傳③ 安打後回傳本壘

人數：9人以上
時間：20分鐘左右
次數：—

目的 回傳本壘時，只要在球的飛行路徑上轉傳即可，算是比較單純的情況。

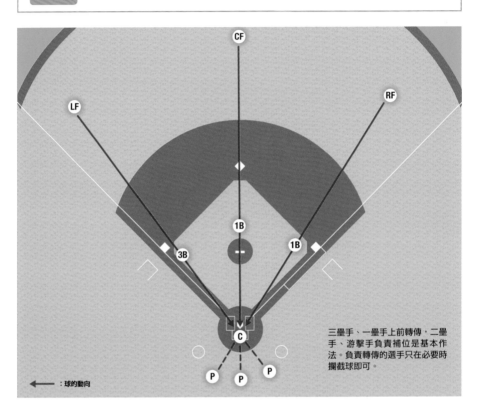

三壘手、一壘手上前轉傳，二壘手、游擊手負責補位是基本作法。負責轉傳的選手只在必要時攔截球即可。

◀— ：球的動向

順序

① 包含外野手在內，全隊一同練習
② 用拋打等方式擊球，野手全員視球的方向採取相應行動

仁志流 指導祕訣

少棒時期的外野手，其傳球精準度仍在成長當中。大多情況下利用轉傳的成功率會比較高。所以也可利用此練習磨練野手的判斷能力。

指導者 MEMO 此乃針對二壘有人、打者擊出安打時的做法。一壘手的工作比想像中更多。轉傳的成功與否，往往是決定是否失分的關鍵。

指南 100 轉傳④ 長打後回傳本壘

👤 人數	9人以上
🕐 時間	20分鐘左右
次數	—

目的　本節介紹的是被打出長打後，將球回傳至本壘的情況。
若球飛得較深遠，可能需要3名內野手協助進行轉傳。

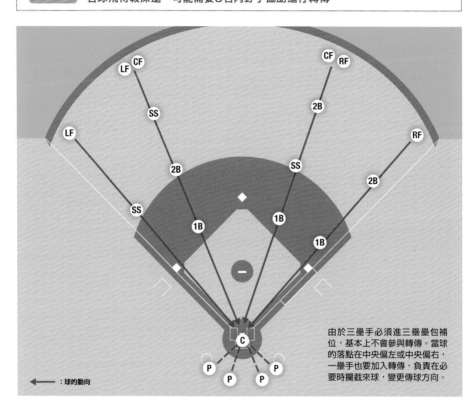

由於三壘手必須進三壘壘包補位，基本上不會參與轉傳。當球的落點在中央偏左或中央偏右，一壘手也要加入轉傳，負責在必要時攔截來球，變更傳球方向。

← ：球的動向

順序

① 包含外野手在內，全隊一同練習
② 用拋打等方式擊球，野手全員視球的方向採取相應行動

仁志流 指導秘訣

當球被打到較深遠的位置時，就必須採用這種模式進行轉傳。為了能隨時向三壘傳球、應對對方跑者的行動，一壘手也必須在轉傳線上預備。

指導者 MEMO　此乃針對一壘有跑者、被對手打出長打時的做法。當前方的守備員進行轉傳時，後方的野手也兼負策應的工作。

指南 101
一壘有跑者時的
短打shift

👤 人數：8人以上

🕐 時間：20分鐘左右

👆 次數：—

目的 本節介紹針對一壘壘包上有跑者時，對方採取短打戰術的應對方式。
運用本練習讓選手了解各自的任務。

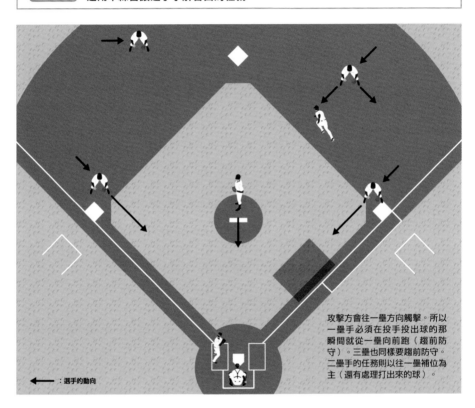

攻擊方會往一壘方向觸擊。所以
一壘手必須在投手投出球的那
瞬間就從一壘向前跑（趨前防
守）。三壘也同樣要趨前防守。
二壘手的任務則以往一壘補位為
主（還有處理打出來的球）。

← ：選手的動向

順序

① 由內野和投手、捕手、打擊者、跑者進行練習（若
　有外野手的話則練習策應）
② 打擊者負責短打，各守備位置開始動作

仁志流 指導祕訣

―― 壘手若直接跑
―― 向一壘可能會
有風險。往一壘補位
前，記得先確認球沒
有往二壘傳。

指導者 MEMO 攻擊方理論上會把球打往一壘方向。若一壘手和三壘手能快速趨前防守，便能
縮短短打的有效範圍，提高阻止對方的機率。

指南 102 二壘有跑者時的短打shift

👤 人數：8人以上	
🕐 時間：20分鐘左右	
👆 次數：—	

目的 本節介紹針對二壘壘包上有跑者時，對方採取短打戰術的應對方式。
三壘手和投手的配合是關鍵。

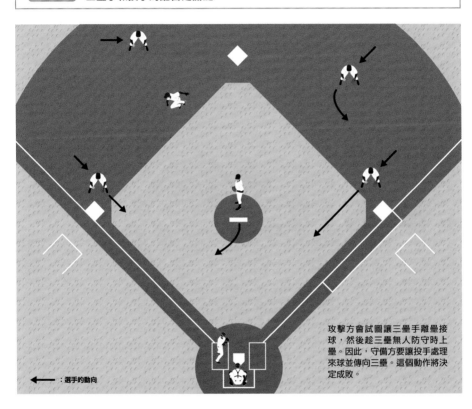

攻擊方會試圖讓三壘手離壘接球，然後趁三壘無人防守時上壘。因此，守備方要讓投手處理來球並傳向三壘。這個動作將決定成敗。

← ：選手的動向

順序

① 由內野和投手、捕手、打擊者、跑者進行練習（若有外野手的話則練習策應）

② 打擊者負責短打，各守備位置開始動作

仁志流 指導祕訣

投 手投出球後要馬上跑到三壘邊線。這個動作非常重要，是投手一定要具備的守備反應。

指導者 MEMO 雖然攻擊方的基本目標是三壘，但如果一壘手的趨前防守沒做好，對方也有可能向一壘方向攻擊。故一壘手要確實跑向前，給對方打者製造壓力。

指南 103 三壘有跑者時的趨前守備

👤 人數：	11人以上
🕐 時間：	20分鐘左右
🖑 次數：	一

目的 三壘上有跑者時，守備十分複雜，與強迫取分、外野高飛、goro-go等各種戰術都有關聯。本訓練的目的即是讓選手練習應對這些戰術。

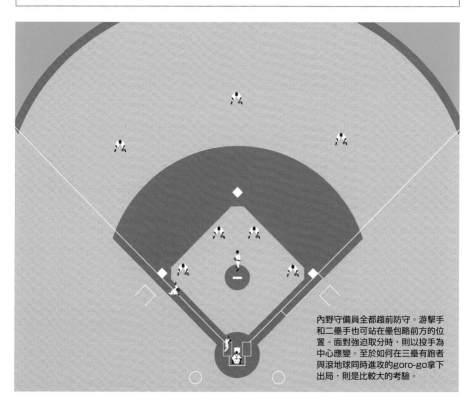

內野守備員全都趨前防守。游擊手和二壘手也可站在壘包略前方的位置。面對強迫取分時，則以投手為中心應變。至於如何在三壘有跑者與滾地球同時進攻的goro-go拿下出局，則是比較大的考驗。

順序

① 如果要練習強迫取分或goro-go（打出滾地球跑者要向前跑）的狀況，就讓內野手上場；若也想練習高飛犧牲打的狀況，也可以配置外野手
② 打擊者擊球，各位置開始動作

仁志流 指導秘訣

絕對不能讓對方得到任何分數時的守備陣形。重點在於所有野手皆須做好無論發生什麼狀況，都要將球優先回傳本壘的心理準備。

指導者 MEMO 在滿壘情況下採用趨前守備時，野手可能會不小心就跑到最近的壘包踩壘。請讓選手確實了解封殺的意義，貫徹優先回傳本壘的策略吧。

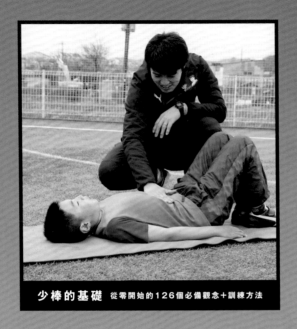

少棒的基礎 從零開始的126個必備觀念＋訓練方法

第8章

鍛鍊體能
Physical

在學習棒球技巧的同時，
訓練選手如何鍛鍊身體，
只要加以磨練就能得到很好的成效。
本章將介紹適合小學高年級以上選手的訓練法。

指南 104 半蹲走接球

人數：2人～

時間：—

次數：20m×2趟

目的 一邊以壓低重心的狀態前進，一邊接球的訓練。

1 壓低重心站好

2 用壓低重心的狀態，一邊前進一邊接球

3 輪流用左右兩手接球

4 盡量不要讓重心上移

順序

① 2人1組。讓選手彎曲腳踝、膝蓋和髖關節，把重心往下壓

② 維持壓低重心的姿勢，接住從前後左右傳來的球

③ 如果球從身體右邊傳來，就用左手接球；如果從左邊傳來就用右手接球

④ 用這樣的動作前進20m

仁志流 指導祕訣

這個動作的重點，在於腳尖和膝蓋是否朝向前方、背脊是否打直，以及體重是否集中在拇趾球上。

指導者 MEMO

之前在針對低年級選手的章節也介紹過類似的訓練。但本節的項目會有更多與棒球相關的元素。尤其是內野手最常用到壓低重心並接球的動作。請運用這個訓練，讓選手的身體記住用壓低重心的狀態移動的方法。

體能

<table>
<tr><td rowspan="2">指南
105</td><td rowspan="2">軀幹訓練①
縮腹呼吸（draw-in）</td></tr>
</table>

指南 105	軀幹訓練① 縮腹呼吸（draw-in）	👤 人數：1人～
		🕐 時間：—
		次數：10次×1～3組

目的 學習軀幹訓練中最基本的腹部鍛鍊法。

順序

① 放鬆身體在地上躺平

② 吸氣

③ 花5秒的時間慢慢吐氣，
　同時收縮腹部

1

▌躺平後吸氣

仁志流
指導祕訣

剛 開始練習時，應
該很難靠自己的
力量縮起腹部。這時可
以由指導者在呼氣時幫
忙輕按腹部。這麼做可
以幫助選手掌握縮腹的
感覺。

2

▌一邊吐氣一邊縮起腹部

指導者
MEMO

縮腹呼吸的動作可以刺激腹部的肌肉、矯正姿勢。此外這種呼吸法更是所有軀
幹訓練的基本，可以早點傳授給選手。

指南 106	軀幹訓練② 棒式撐體	👤 人數：1人～
		🕐 時間：—
		✊ 次數：20秒×1～3組

目的 棒式撐體是軀幹訓練的代表性動作。

▌將手肘放在肩膀正下方

▌撐起臀部，讓身體呈一直線

順序

① 手肘放在肩膀正下方

② 膝蓋伸直、收緊臀部，然後縮起腹部

③ 維持此姿勢20秒

指導者 MEMO 一邊用力收緊臀部，一邊縮起小腹。做這個動作時，可以把注意力放在腹部的肌肉上。

指南 107	軀幹訓練③ 側棒式撐體	👤 人數：1人～
		🕐 時間：—
		✊ 次數：20秒×1～3組

目的 可鍛鍊側腹和臀部周圍肌肉的訓練。

▌雙腳併攏，將手貼放在身體側

▌背脊用力伸直

順序

① 將手貼放在身體側

② 膝蓋伸直、收緊臀部，然後縮起腹部

③ 維持此姿勢20秒，然後換邊再做一次

指導者 MEMO 進行這項訓練的時候，要將注意力放在側腹和臀部緊繃的肌肉上。

指南 108　敏捷度訓練② 橫向衝刺&反手折返跑

👤 人數：1人～	
🕐 時間：—	
👆 次數：2組	

目的　學習利用反手接球的感覺，迅速折返並切換動作。

▌ 聽從指示開始橫向衝刺

▌ 聽從指示反手觸地變換方向

▌ 用橫著跑的方式朝反方向衝刺

▌ 聽從指示觸地變換方向

順序

① 聽指導者的口令開始。一邊看著指導者一邊橫向跑

② 看到指導者拍手後用手摸一下地面，然後變換方向

③ 指導再拍手後就再次變換方向，一口氣跑到終點。上圖 **2** 是右腳右手在前觸地；圖 **4** 則是左腳左手在前觸地

仁志流 指導秘訣

這 個動作的重點也是壓低重心。從擺出守備姿勢的那一刻起，就要記得壓低重心。

指導者 MEMO　橫向移動時，要盡量跨開每一步的步幅。練習時可以想像自己要橫向跑去接從遠方飛來的球。

敏捷度訓練③ 匍匐態單腳起身→衝刺

指南 109

- 人數：1人～
- 時間：—
- 次數：2組

目的　練習從飛撲接球後趴在地上的狀態迅速起身。

1 ▌匍匐趴好

2 ▌迅速提起左腳縮至腹前

3 ▌迅速提起右腳縮至腹前

4 ▌左右腳各做兩次後，一口氣衝向終點

順序

① 在地上趴好

② 聽到口令後，將一隻腳縮到腹部前，然後恢復**1**的姿勢

③ 聽到口令後，將另一隻腳縮到腹部前，然後恢復**1**的姿勢

④ 左右腳各做兩次後，直接起身向前衝刺

仁志流 指導秘訣

高年級選手的體能訓練很多都跟棒球的技術息息相關。大家也請多多進行這類專為棒球相關動作設計的訓練吧。

指導者 MEMO

守備時向前飛撲接到球後，必須能夠迅速起身傳球。而本節訓練的敏捷度，可以讓選手更迅速地從趴在地上的狀態起身。

指南 110 壓低重心跳梯

👤 人數：1人～
🕐 時間：—
👣 次數：3～5次

目的 模擬棒球守備中必備的移動方法，以壓低重心的狀態快速移動。

指導要點

棒球的準備

理解棒球

接球

接傳

打擊

投捕練習

野手

鍛鍊體能

1
▌壓低重心站好後開始

順序

① 準備梯子
② 聽指導者的口令起跑
③ 用規定的動作一格一格跳過梯子
④ 重複以上動作

仁志流
指導秘訣

練 習時眼睛要看著前方、挺直背脊。維持壓低重心的姿勢，快步踩過梯子。

2
▌跳著梯子快步向前

指導者 MEMO 梯子的跳法可分為①從梯子的內側跳②從梯子的外側跳③橫著跳④倒退跳⑤一次跳兩格等。組合各種不同方法試試看吧。

指南 111 壓低重心跨欄

目的 利用低矮的欄架，學習如何運用髖關節帶動膝蓋。

1 壓低重心站好

2 一邊抬高膝蓋一邊快速跨步

順序

① 準備欄架
② 聽指導者的口令起跑
③ 壓低重心快速前進
④ 重複以上動作

仁志流 指導秘訣

如 果只是抬高腳尖處，很容易絆到欄架，拖慢速度。應該要利用髖關節帶動膝蓋的方式移動雙腳。

指導者 MEMO 了解運用髖關節的方法後，就能增加跑步時的步幅，並使重心放得更低，習慣用低姿態移動。

指南 112 信標折返跑① 前後

👤 人數	1人～
🕐 時間	─
👆 次數	3～5趟

目的 訓練緊急折返的動作。

前進2格，退後1格

1 由第一信標衝向第二個信標

2 後退回第一個信標，然後再衝向第三個信標

順序

① 以5m的間隔放置4個信標，聽指令起跑

② 碰到第二個信標後再跑回第一個信標，接著再衝向第三個信標，以此方式前後推進。往後退的時候用倒退跑

指導者 MEMO 轉向時要記得讓腳尖和膝蓋朝向正前方。

指南 113 信標折返跑② 左右

👤 人數	1人～
🕐 時間	─
👆 次數	3～5趟

目的 訓練緊急折返的動作。

1 橫向移動

2 折返時注意上半身不要偏掉

順序

① 以5m的間隔放置4個信標，聽指令起跑

② 碰到第二個信標後再跑回第一個信標，接著再衝向第三個信標，以此方式前後推進

指導者 MEMO 往終點方向移動時用交叉步，折返回起點方向時用墊步移動。

指南 114	蛇行跑① 前後	👤 人數：1人～
		🕐 時間：—
		✌️ 次數：3～5趟

目的 學習利用碎步繞半圓形路徑（香蕉形）跑步的動作。

1 壓低重心向前起跑

2 盡量用細碎的步伐前進

順序

① 準備錐形路障

② 聽指導者的指令起跑

③ 繞著錐形路障蛇行前進

> **指導者 MEMO** 就算是用碎步前進，也要記得壓低重心。

指南 115	蛇行跑② 左右	👤 人數：1人～
		🕐 時間：—
		✌️ 次數：3～5趟

目的 學習利用碎步側身繞半圓路徑前進。

1 壓低重心後起跑

2 橫移也要用碎步

順序

① 準備錐形路障

② 聽指導者的指令起跑

③ 繞著錐形路障橫向蛇行

> **指導者 MEMO** 跑的時候時別忘了維持碎步。

少棒的基礎 從零開始的126個必備觀念＋訓練方法 第8章 鍛鍊體能

指南 116
站在平衡盤上反手接球

👤 人數：2人～
🕐 時間：—
🖐 次數：20次

目的 即使在腳部不穩定的狀態下，也能維持良好姿勢並用單手反手接球。

1 單腳站上平衡盤

順序

① 準備平衡盤
② 指導者往接球手的另一側丟球
③ 選手用單手反手接球
④ 接滿20球後換腳再來一次

仁志流
指導祕訣

待 選手習慣後，接著可以隨機改變傳球路徑。這樣可以更進一步強化選手的平衡感。同時也能提升選手的手部技術。

2 用單手反手接球

指導者 MEMO 平衡感不佳的話，上半身和骨盆就容易歪斜。為了避免那種情況，首先要讓選手記住正確的站姿，然後才開始進行此練習。

指南 117

站在平衡盤上
單腳深蹲

👤 人數：2人～

🕐 時間：—

✌ 次數：1腳10次

目的 在腳步不穩定的狀態保持軀幹挺直，強化平衡能力。

▌兩手張開站上平衡盤

順序

① 準備平衡盤

② 單腳站上平衡盤

③ 深蹲10次後換腳

仁志流
指導祕訣

低 年級選手的練習以單腳站立為主，但本練習則是要用單腳深蹲。

▌一邊維持身體的軸心，一邊深蹲

指導者 MEMO 前面已經提醒過很多次了，進行本練習時，膝蓋和腳尖朝向前方非常重要。只要是背脊自然挺直的姿勢，都應該隨時注意腳尖和膝蓋的方向。

指南 118 用彈力帶練習背部下拉

- 人數：2人～
- 時間：—
- 次數：10～20次

目的 徹底活動肩胛骨與周圍肌肉的訓練。

1 握住彈力帶的兩端

2 用夾緊肩胛骨的感覺拉動彈力帶

順序

① 準備彈力帶
② 指導者把手放在彈力帶正中間，選手雙手一起拉住彈力帶兩端
③ 用夾緊肩胛骨的感覺拉動彈力帶
④ 重複此動作

仁志流指導祕訣

彈力帶要挑選適合受訓者肌力的柔軟種類。小學生練習時用軟性帶就可以了。

指導者 MEMO
進行此訓練時，有意識地活動肩胛骨十分重要。指導者要檢查受訓者的肩胛骨有無確實向背中央移動。此外，還要注意肩膀不能往上抬起。

指南 119 用彈力帶練習划船動作

👤 人數：2人～

🕐 時間：—

☝ 次數：10～20次

目的 徹底活動肩胛骨周圍肌肉的訓練。

1

┃握住彈力帶的兩端

順序

① 準備彈力帶

② 指導者把手放在彈力帶正中間，選手分別拉住彈力帶兩端

③ 兩手向後拉

④ 重複此動作

仁志流
指導祕訣

用 肩膀向後擺的感覺帶動手肘的話，就能輕鬆夾起肩胛骨。

2

┃兩手向後拉

指導者 MEMO 這個訓練的重點也是確實移動肩胛骨。如果忘了要怎麼移動肩胛骨，就回去複習67、68頁的內容吧。

指南 120 轉胸運動

👤 人數：2人～
🕐 時間：—
☝ 次數：20次

目的 傳球和揮棒時一定會轉動到胸椎。
本節的訓練即是鍛鍊此部位。

1 兩肘張開抓著球

2 以胸部為中心轉動身體

3 左右交互轉動

4 檢查是否有動到胸椎

順序

① 用雙手拿著一顆大球
② 以胸部周邊為中心轉動身體
③ 重複此動作

仁志流
指導祕訣

固 定軀幹，臉和肚臍盡量維持向前。此外旋轉時要用拉動手肘的感覺夾緊肩胛骨。

指導者 MEMO 投球和揮棒時，胸椎的轉動非常重要。確實做好這項練習的話，對投球和打擊都很有助益。

指南 121	**肩胛骨跑跳步① 擴胸運動（開肘）**	👤 人數：1人～
		🕐 時間：—
		👆 次數：15m×2趟

目的 結合跑跳步和肩胛骨運動的協調訓練。

1 兩臂前伸，向前跑跳

2 跑跳的同時雙手向後拉

順序

① 站上起點

② 一邊跑跳，一邊把注意力放在肩胛骨上，拉開雙臂

③ 一邊重複此動作一邊前進

 指導者 MEMO 維持手臂的高度，前後移動手臂。

指南 122	**肩胛骨跑跳步② 擴胸運動（閉肘）**	👤 人數：1人～
		🕐 時間：—
		👆 次數：15m×2趟

目的 結合跑跳步和肩胛骨運動的協調訓練。

1 夾緊腋下向前跑跳

2 跳起來的同時將手臂向後拉

順序

① 站上起點

② 一邊跑跳，一邊把注意力放在肩胛骨上，手臂向後拉

③ 一邊重複此動作一邊前進

指導者 MEMO 無論開肘還是閉肘，都要用夾住肩胛骨的感覺去做。

指南 123	肩胛骨跑跳步③ 向上伸展

人數：1人～
時間：—
次數：15m×2趟

目的 結合跑跳步和肩胛骨運動的協調訓練。

1 兩臂舉至頭上，向前跑跳

2 跑跳的同時雙手向上伸展

順序

① 站上起點
② 將手舉至頭上後起跑
③ 一邊跑跳一邊伸展手臂
④ 重複此動作

> **指導者 MEMO** 不是用手肘，而是以肩胛骨為中心向上活動伸展。

指南 124	肩胛骨跑跳步④ 轉臂運動

人數：1人～
時間：—
次數：15m×2趟

目的 結合跑跳步和肩胛骨運動的協調訓練。

1 一手向上，一手向下

2 每跳一步就交換手的方向

順序

① 站上起點
② 手肘90度彎曲後起跑
③ 跑跳的同時一手向上轉，另一手向下轉。一邊重複此動作一邊前進

> **指導者 MEMO** 先確定兩肘與肩同高後再開始。

指導要點

棒球的準備

理解棒球

接球

接傳

打擊

投捕練習

野手

鍛鍊體能

219

指南 125	轉動髖關節

👤 人數：1人～
🕐 時間：—
☝ 次數：左右腳各10次

目的　大幅度活動髖關節的訓練。一邊行走一邊進行。

1 往前走兩步

2 抬起腳後轉動髖關節

順序

① 站上起點
② 開始往前走
③ 左右腳、內外輪流轉動髖關節
④ 一邊重複此動作一邊前進

仁志流 指導祕訣

往 前走兩步後向內轉動右腳，然後再走兩步向內轉動左腳。做完10次後接著換向外轉再做一輪。

指導者 MEMO　低年級選手的訓練是一邊行走一邊轉腳，而高年級選手則是走兩步後轉。將單純的運動項目組合起來，就能創造出複雜的訓練內容。

指南 **126**

提臀扭轉

👤 人數：1人～

🕐 時間：—

🦶 次數：每腳10次

目的 鍛鍊軀幹和臀部肌力的訓練。

1 仰躺在地，舉起單腳

2 用力撐起臀部，膝蓋伸直

3 將臀部扭向外側

4 換腳再做一次

順序

① 在軟墊上仰躺

② 抬起單腳，臀部往上挺

③ 向抬腳的方向扭轉臀部

④ 反方向再做一次

仁志流 指導祕訣

因 為是十分消耗體力的訓練，剛開始時可以每做一回或兩回就休息一下。

指導者 MEMO 一邊使用縮腹呼吸一邊確實穩固軀幹是本訓練的重點。做好此動作後再提起臀部，將臀部向外側扭轉。

後 記

　　練習時我們常會利用許多言語跟選手交流。因為是人與人之間的訊息傳遞，所以語言是不可或缺的。但是，其中也有很多可能招致誤解的話語。為了讓選手做出正確的動作而使用最明確詳盡的方式描述，有時反而會讓選手的動作變得遲滯。棒球有很多部分必須依靠感覺，所以太具體的言語可能並不適合每一位選手。

　　尤其小孩子常常會試著完全按照言語表面的意思行動，就算言語本身與現實有所出入，也會毫不遲疑地接受。大人不經意說出口的詞

彙，有時更會給選手留下意想不到的重大影響。甚至可能只是一個字就改變他們的未來。

然而，言語依然是重要的。正因為如此，身為指導者必須仔細思量每句話的意義，身體力行地實踐，正確理解後才告訴孩子如何去做。請各位試著用這種心情去帶領球隊。如此一來，你所說的每一句話，都能在選手身上留下正面的影響，成為他們最寶貴的財富。

12U全日本代表 總教練　仁志敏久

監修 **仁志敏久**

1971年生，茨城縣人。常總學院高等學校、早稻田大學畢業後，進入日本生命硬式棒球部，並於1996年加入讀賣巨人隊。學生和社會人時代主要擔任游擊手和三壘手。成為職業選手後則以出色的二壘守備和內野強打者聞名。2007年移籍至橫濱海灣星隊，2010年轉戰美國職棒獨立聯盟，但不久後便因傷引退。日本職棒的生涯成績為1591支安打、打擊率0.268、全壘打154支。1996年新人王，共獲得四次日職年度金手套獎。2013年接任SAMURAI JAPAN（日本武士隊）教練，2014年接任SAMURAI JAPAN（日本武士隊）12U總教練。監修、著作《仁志敏久的超守備論》（日本ベースボールマガジン社）、《知るだけで強くなる 野球守備フォーメーション入門》、《知るだけで強くなる 野球攻擊オペレーション入門》、《野球 新 セオリー・戰術入門》（日本池田書店）等書。另設有專為少年和青少年舉辦的Nishi棒球講座。

協力（體能訓練）

川島浩史

1986年生，千葉縣人。畢業於日本大學、東京體育娛樂專門學校。擁有日本體育協會公認運動員訓練師資格。隸屬於Y's-athlete-support公司。同時也以Nsihi棒球講座的職員身分為仁志先生提供協助。

示範者

左起為宇野龍一朗、山田將義、（本書監修者）、方伊儀直明、柳館憲吾

左起為（協力者）、野坂充生、嶋多海、福西健至

少棒的基礎
從零開始的126個必備觀念＋訓練方法
2016 年 10 月 1 日初版第一刷發行
2023 年 11 月 1 日初版第四刷發行

監　　修	仁志敏久
審　　訂	馮勝賢
譯　　者	陳識中
編　　輯	黃嫣容
美術編輯	黃盈捷
發 行 人	若森稔雄
發 行 所	台灣東販股份有限公司
	＜地址＞台北市南京東路4段130號2F-1
	＜電話＞(02)2577-8878
	＜傳真＞(02)2577-8896
	＜網址＞http://www.tohan.com.tw
郵撥帳號	1405049-4
法律顧問	蕭雄淋律師
總 經 銷	聯合發行股份有限公司
	＜電話＞(02)2917-8022

Printed in Taiwan
購買本書者，如遇缺頁或裝訂錯誤，
請寄回調換（海外地區除外）。

TOHAN

日文版STAFF

編輯・製作	佐藤紀隆 ＜株式會社Ski-est (Ski-est.com)＞
	稻見紫織 ＜株式會社Ski-est (Ski-est.com)＞
製作・執筆	新宮聰 ＜企劃室nautilus＞
設計	Design Office TERRA
攝影	高木昭彥
插圖	內山弘隆
校對	笹岡祐二

國家圖書館出版品預行編目資料

少棒的基礎：從零開始的126個必備觀念
＋訓練方法/仁志敏久監修；陳識中譯.
-- 初版. -- 臺北市：臺灣東販, 2016.10
224面；14.8×21公分
ISBN 978-986-475-143-3（平裝）

1.棒球

528.955　　　　　　　　　　105016601

**JUNIOR YAKYU KANGAETE
UMAKUNARU RENSHU MENU**
©IKEDA PUBLISHING CO., LTD 2015
Originally published in Japan in 2015 by
IKEDA PUBLISHING CO., LTD
Chinese translation rights arranged through
TOHAN CORPORATION, TOKYO.